Francis Chagneau

## LA CINQUIÈME GÉNÉRATION DES CHIENS

### Chronique de la Russie des années 1990

TEMOIGNAGE

© 2023 Francis Chagneau

Édition : BoD – Books on Demand, info@bod.fr
Impression : BoD – Books on Demand, In de Tarpen 42, Norderstedt (Allemagne)

Impression à la demande

Illustration :  photo de l'auteur

ISBN : 978-2-3221-4553-9

Dépot légal : Mars 2023

*La force et la faiblesse des dictateurs est
d'avoir fait un pacte avec le désespoir des peuples.*

Georges Bernanos

Pour Olga et Sergeï

## PRÉAMBULE

Russie été 1993.

La chute du mur de Berlin 4 ans plus tôt permettait toutes les espérances. La Russie venait de retrouver son nom historique, elle était encore sous le choc de la grande implosion de l'empire soviétique. Elle pouvait renaître immense, rêver de puissance, mais elle s'était ouverte au monde occidental nue et exsangue.

Il y a longtemps que ma mission en Russie est terminée. Plusieurs dizaines d'années ont passé. De nombreux souvenirs sont encore dans ma mémoire comme autant de jalons qui ont marqué ma vie et ma découverte de ce pays. Dans mon quotidien, certaines situations me rappellent la Russie : l'actualité, un film, le sport, la cuisine, une situation, un concours de circonstances.

Je témoigne ici de « *ma Russie* » sous forme de petites chroniques. Celles-ci sont autant de clichés, et d'images de la Russie des années 1990. Il faut considérer qu'à l'époque internet balbutiait, et le téléphone portable n'existait pas ou si peu. Il faut donc replacer ce témoignage dans son contexte.

C'est mon premier voyage en Russie. Avant de partir, j'ai tenté de m'imprégner de la culture slave, à travers ses grands auteurs.

De ces lectures, je tire une conclusion : La Russie est une terre d'aventure, une immense et cruelle terre d'aventures humaines. L'âme russe doit être bien grande, profonde et obscure pour avoir inspiré tant de belles plumes. La réalité va-t-elle se révéler aussi excitante et romanesque ?

Ma naïveté n'allait pas jusqu'à minimiser les différences culturelles, mais ce peuple me semblait proche de nos modes de vie. Les éléments sur lesquels je n'avais aucun doute étaient la rigueur du climat et l'étendue du territoire ; les 11 fuseaux horaires me laissaient pantois. Pour le reste, j'avais bien tort, la culture, la société et l'âme slave allaient s'avérer bien plus complexes qu'imaginées.

Une semaine seulement après mon arrivée sur le sol russe, je prenais conscience que ce pays était fascinant. Je vais avoir quelques mois pour tenter de comprendre les singularités de « *l'âme russe* ».

# I
## PREMIER CONTACT

L'aéroport international de Moscou vibre paisiblement sous le soleil radieux de cette belle après-midi du mois d'août.

Dès la sortie du couloir passerelle, c'est la descente dans un univers qui pourrait être souterrain tant il est sombre. De larges escaliers drainent les centaines de voyageurs vers les cabines en bois du contrôle de police, elles ont gardé leur aspect austère et fonctionnel du temps passé et l'on s'attend à un accueil typiquement soviétique de la part du « cerbère » en charge du contrôle des passeports. L'accueil est à la hauteur de l'attendu.

Plusieurs longues files d'attente s'étirent dans cette pénombre suffocante. Les passagers de l'avion de Paris, ceux du vol de Tokyo et de Miami arrivés simultanément et s'agglutinent dans les escaliers. Pour des raisons obscures, le nombre de guichets ouverts n'est pas forcément en rapport avec les arrivées concomitantes des avions. Le seul élément qui semble être déterminant : Les temps de repos des fonctionnaires de police. Les poses scandent la fermeture ou l'ouverture d'un guichet. Ce qui par malchance peut doubler le temps d'attente, ou bien l'accélérer au rythme des arrivées, et des temps de repos. L'ouverture et la fermeture des guichets, semblent aléatoires. C'est un peu la « *roulette russe* ».

La fin de l'attente est marquée par le rituel immuable du contrôle. Le voyageur arrive devant le guichet, il adresse, dans l'espoir d'adoucir le visage de la fonctionnaire, un bonjour poli dans sa langue, souvent en anglais et parfois pour les plus érudits en Russe. Il tend son passeport. Dans la « *guitoune* » il n'y a aucune réaction sauf un coup d'œil sévère afin de vérifier la ressemblance avec la photo du passeport. Ensuite, un long moment passe pendant lequel la préposée actionne des appareils, à l'abri des regards sous le petit comptoir de bois.

La délivrance du voyageur n'arrive qu'après le bruit caractéristique des deux coups de tampon assénés avec virilité sur les documents, le bruit est amplifié par le comptoir de bois ce qui le rend perceptible à plusieurs mètres à la ronde. Le passeport est restitué. Alors un petit portillon métallique s'ouvre libérant le voyageur. Après la fastidieuse attente des bagages que l'on a toutes les chances de récupérer sur le tapis roulant du vol de Tokyo, le passage devant une douane nonchalante ne pose pas de problème particulier.

La sortie, dans le hall des arrivées, ne manque pas d'exotisme, entre les pancartes tendues à bout de bras mentionnant telle ou telle société, les chauffeurs de faux taxi, les changeurs de monnaie à la sauvette et les racoleurs de tout poil, l'arrivée à l'air libre et à la lumière du jour est réconfortante.

Il ne reste plus qu'à trouver un moyen de transport pour rejoindre le centre-ville. Pour faire plus « *authentique* », le mieux est de s'écarter de la cohue et de repérer une voiture modeste avec quelqu'un qui attend au volant. Celui-ci n'est pas un chauffeur déclaré, il fait ça pour arrondir ses fins de mois. Le risque d'une arnaque est bien plus faible qu'avec celui qui, dans le hall, brandit une pancarte en clamant qu'il pratique le meilleur tarif.

La vielle Zastava poussiéreuse est à bout de souffle. Les sièges élimés laissent voir par endroits la mousse jaunâtre du rembourrage, le chauffeur bien que joyeux n'est pas causant, la difficulté d'aborder une conversation en Anglais y est sûrement pour beaucoup. Avec quelques mots de Russe même mal prononcés, le visage du conducteur s'éclaire d'un sourire.

Sitôt quittée la zone aéroportuaire apparaît la grande banlieue. Au travers des vitres crasseuses, défilent déjà les plaies béantes de l'ancien régime. Les arbres ont également perdu une partie de leur couleur estivale, ils sont plutôt verts de gris et couverts de la poussière soulevée par la circulation. Des tramways d'un autre Âge aux couleurs ternes à la peinture écaillée, déversent une foule de passagers chargés de cabas, et de grands sacs en plastique bariolés. Ils se dirigent vers d'énormes blocs de tours bétonnées à faire frémir un habitant de la Courneuve. Si une file de voitures apparaît sur la chaussée, c'est qu'il y a au bout une station d'essence. Plus la Zastava approche de la ville, plus la circulation est intense ce qui suscite bon nombre d'arrêts au cours desquels le chauffeur arrête le moteur pour économiser l'essence.

La contre-allée est envahie par les mauvaises herbes, des portes oriflammes rouillées ornent encore les poteaux d'éclairage public. Sur certains, des restes de fresques montrant les vestiges des temps glorieux de l'URSS s'effacent dans une lente et définitive décrépitude.

Quelle tristesse, encore il fait beau ! L'image d'un

jour de pluie laisse imaginer une bien plus triste laideur. Quelques kilomètres après le départ, sur la chaussée, d'énormes chevaux de frise en fer rouillé, sont alignés sur des dizaines de mètres. Ils symbolisent l'endroit où, la vaillante Armée rouge a arrêté l'avancée allemande, l'empêchant en décembre 1941 de pénétrer dans Moscou.

Dans le centre-ville il n'y a plus de traces de la poussière omniprésente dans la banlieue. Les avenues très larges, sont bordées d'immeubles un peu rococo. Les vitrines des magasins occupent le rez-de-chaussée. Les chalands très nombreux en cette fin d'après-midi estivale ne semblent pas atteints par la chaleur étouffante du climat continental. Les femmes, surtout les jeunes, sont habillées à la mode, elles contrastent avec les hommes à l'allure plus décontractée voire négligée.

Sur le trottoir, les jeans et tee-shirt occidentaux sont fièrement exposés sur des cintres de fil de fer dans des petites constructions appelées « *kiosques* ». Ces derniers proposent tous les produits manufacturés de luxe – vrais ou faux – introuvables ailleurs, ils sont parvenus là par des chemins et des transactions obscures menées par de petits truands sans scrupule, certains, les plus audacieux et les plus intelligents, deviendront "les nouveaux Russes", que l'on retrouvera à Courchevel où à Nice. C'est Pavel le chauffeur de la Zastava qui me raconte ça. Ces articles venant du monde occidental se payent en Dollars. C'est la période "Eltsine", le cours du rouble est très bas, les dollars sont recherchés, c'est le seul moyen pour conserver un petit pécule à l'abri des dévaluations hebdomadaires de la monnaie nationale.

De loin en loin, de gigantesques édifices en béton, tours de Babel de l'époque stalinienne crèvent le ciel de leur étoile rouge fixée à leur sommet. Pavel, le chauffeur pour éviter les encombrements du centre-ville a bifurqué à droite puis à gauche dans un dédale de petites rues paisibles. Souvent, des chantiers depuis longtemps inachevés laissent voir les vestiges de vieux immeubles en bois qui ont perdu, sans espoir de les retrouver un jour, leurs volets ou leur porte d'entrée. Des canettes de boisson abandonnées sur les marches des perrons laissent deviner la présence d'un squat. La Zastava débouche enfin sur une grande avenue en pente douce. Au-delà des immeubles, apparaissent quelques clochetons aux coupoles étincelantes dans la clarté orangée de la fin d'après midi. Il me reste quelques heures avant de prendre le train. Je demande à Pavel s'il peut attendre une heure pendant que je visite le quartier. L'idée de gagner quelques dollars supplémentaires sans rouler ravit celui-ci. Il s'installe derrière le volant pour une sieste improvisée. Malgré la chaleur et la méconnaissance des lieux, une allure rapide s'impose pour suivre le flot des passants nombreux qui s'engouffrent dans des passages encombrés de boutiques et de marchands à la criée. Enfin au coin d'une rue la fameuse place rouge apparaît.

Comment ne pas ressentir une grande émotion quand l'histoire vous saute au visage et que vos pieds foulent les pavés de ce lieu chargé de fantasmes, d'histoire, de défilés militaires, de larmes et de sang.

Le mausolée de Lénine, avec en surplomb, le mur de marbre rose derrière lequel se trouvent les gradins adossés aux murs du Kremlin. C'est depuis cet observatoire, que tant de dirigeants ont assisté aux fameux défilés militaires emmitouflés dans leurs manteaux, et coiffés de chapeaux de feutre. Tout cela semble irréel et la place rouge n'est pas aussi grande que je l'avais imaginé par l'entremise de la télévision.

Le soleil commence à décliner vers l'ouest et sa lumière vient éclairer en contre-jour la basilique Saint Basile située au bout de la place du côté de la Moskova.

La basilique est en soi le monument le plus emblématique de Moscou après la place rouge. C'est un édifice que l'on croit sorti des studios d'Hollywood ou de Disney. C'est du technicolor, très tape-à-l'œil, mais il faut reconnaître que l'architecture est d'une beauté inhabituelle. Les cinq coupoles torsadées multicolores, les petits clochetons, les murs de brique rouge et les encadrements blancs des fenêtres et des moulures, le tout entouré d'un modeste jardin sont magnifiques et uniques.

L'histoire, ou la légende, raconte qu'Ivan le Terrible aurait fait crever les yeux de l'architecte afin que cette église soit unique.

De l'autre côté de la place, il y a le Goum, un immense bâtiment en pierre de trois étages qui borde la place rouge et qui autrefois était le seul magasin de la ville ouvert aux étrangers et aux apparatchiks qui pouvaient y acheter des produits de luxe payables en dollars. Aujourd'hui cette infrastructure magnifique avec sa verrière immense recouvrant les trois étages reliés entre eux par des coursives est accessible aux Moscovites. Les marchandises exposées se sont bien diversifiées, on y trouve de tout, même si la tendance au luxe reste importante. Le temps passe et il me faut rejoindre Pavel mon chauffeur.

Il y a six gares à Moscou, la gare Paveletsky située au sud de la ville, est à une demi-heure de voiture, le train ne part qu'à 21 heures ce qui laisse du temps pour comprendre les informations en Cyrillique écrites sur le billet.

Comme souvent dans les grandes capitales, les gares montrent le paradoxe du départ et celui d'un chemin sans issue. Plus prosaïquement c'est l'évasion hors des murs de la ville pour aller travailler dans une proche banlieue, mais c'est aussi pour les laissé-pour-compte le butoir social, l'impasse, la dernière porte vers un ailleurs qui ne peut qu'être plus prometteur. La barrière du quai reste le plus souvent infranchissable, compte tenu du désœuvrement social sanitaire et financier des prétendants au départ.

Pavelesky vagzal[1] n'échappe pas à ce schéma reproduit dans les six gares autour de la ville de Moscou. C'est une cour des miracles du XXe siècle, des mendiants, des infirmes, de jeunes délinquants errent dans une atmosphère lourde d'humeurs parfois nauséabondes.

---

[1] Vagzal : gare en Russe

L'immensité des pas perdus et le peu d'éclairage ajoutent une touche sordide au tableau, et donnent une impression de bas-fond de la misère humaine au pays du prolétariat rayonnant, et où le social a été élevé au rang de vertu suprême.

Ce spectacle ne gêne en aucune manière le Moscovite moyen ou le provincial qui se fraye, indifférent, un passage entre ces îlots de misère, afin d'accéder aux quais.

Le train, est un mélange d'orient express et de train de banlieue des années cinquante. L'orient pour le côté exotique du décor et express pour la vitesse et les arrêts fréquents. Il faut environ 7 heures pour franchir 600 km. Détail important, qu'il fasse - 20°C avec de la neige ou bien +35°C, le temps de trajet ne varie pas. C'est un net avantage sur nos trains français !!!

Le luxe exotique pour un Européen comme moi, n'est accessible qu'aux voyageurs de première classe, les autres, les ouvriers, les gens de condition modeste, s'entassent dans des wagons couchettes de 6 personnes avec un confort minimum. Prendre le train est banal dans ce pays grand comme un continent. Les distances sont énormes et les routes pas toujours en bon état. Alors le train reste le moyen le plus rapide et le plus économique pour se déplacer.

La motrice, le plus souvent diesel tracte une quinzaine de wagons dont le tiers sont des premières classes. Je monte dans un de ces wagons pour un voyage qui durera toute la nuit. Le quai est bondé, les gens se pressent, chargés de bagages qui ressemblent plus à des ballots, ils sont suivis ou précédés d'un porteur qui pousse ou tire une charrette à bras dont le chargement dépasse largement la hauteur du bonhomme. Devant chaque entrée de wagon, un attroupement se forme. C'est là que se passe l'embarquement. Une « *cheffe de wagon* » en grand uniforme bleu et liseré doré, casquette type aviateur des années quarante, souriante comme un cerbère contrôle le billet et le passeport.

Une fois les deux hautes marches d'accès au wagon escaladées, valise en main, on suit le couloir à la recherche du numéro de compartiment. Le wagon de première classe ressemble grossièrement à celui que nous avions en France jusqu'aux années 1980. Le couloir est joliment décoré de petits rideaux en dentelle coulissant sur une tringle à mi-hauteur de la fenêtre et de loin en loin, un bouquet de fleurs artificielles dans un vase imitant la porcelaine est fixé à la cloison. Les fenêtres s'ouvrent difficilement et sont d'une transparence rendue opaque par la poussière collée par les vapeurs graisseuses venant de la locomotive.

À un bout du wagon se trouve un petit endroit pour les sanitaires. C'est sobre, fonctionnel, mais d'une propreté rendue douteuse par les équipements en inox qui ont déjà beaucoup vécu et dont l'éclat est terni par le dépôt de calcaire incrusté dans le métal.

À l'autre bout se trouve le compartiment de "la cheffe de wagon" et de son assistante. Ce compartiment jouxte l'indispensable machine à eau chaude telle un samovar géant. Cet appareil fonctionne au charbon ce qui répand au hasard d'un courant d'air, une légère odeur de fumée dans tout le couloir.

Le compartiment de première classe est très cosy, assez confortable. Il y a deux couchettes, une de chaque côté. Dans chacune, un matelas et une couverture qu'il faut enfiler dans un drap façon couette. En fait, il faut faire son lit. Entre les deux couchettes contre la fenêtre se trouve une tablette rabattable fixée à la cloison avec dessus, un napperon et l'incontournable bouquet de fleurs artificielles. La possibilité de régler la climatisation ou le chauffage existe, mais les tentatives de réglage sont parfois décevantes.

Comme le voyage est long, personne n'envisage de partir sans provisions de bouche. L'occasion est belle pour les Russes de faire la fête. L'ambiance monte dès le départ du train. Les premiers tours de roue engagés et le premier soubresaut ressenti, les hôtesses (la cheffe et son assistante) passent pour distribuer du thé brûlant qu'il faudra payer (mais vous ne le savez pas encore). C'est le lendemain matin au réveil lorsqu'un deuxième breuvage vous sera servi avec un petit gâteau à la confiture qu'il faudra payer. Il est vrai que le prix est très modeste.

Après le passage des dames du thé, les Russes aisés (nous sommes en première classe) commencent leurs agapes. Très vite le compartiment s'anime, car généralement les voyageurs sont en famille, il peut y avoir jusqu'à six personnes, les convives se regroupent dans le même compartiment. Chacun amène quelque chose, la petite table centrale déborde de victuailles, saumon et esturgeon fumé, caviar rouge (œufs de saumon) colbassa (saucisson), sprats (sorte de minuscules sardines fumées), des concombres des cornichons (les cornichons russes ressemblent à de petits concombres conservés dans un assaisonnement légèrement douçâtre), du persil et bien sûr la reine du repas, de la soirée et de la nuit, la vodka.

On commence par porter un toast à ceux qui sont du voyage et on grignote ce que l'on veut, tout est sur la table. En tant qu'étranger et voisin de compartiment, je suis naturellement invité à porter un toast avec eux. C'est ainsi que je fais la connaissance de Sergueï et Tatiana.

Un vrai coup de hasard. Sergueï est interprète Français Russe, pour des industriels. Apprenant que je suis Français, nous triquons et lions connaissance. Sergueï est un homme petit, bien portant, le visage rond, comme ses grosses lunettes qui encadrent ses yeux bleus de leur monture d'écaille. Les cheveux gris abondants, soigneusement peignés avec une raie sur le côté, lui donnent un style des années trente.

Sergueï arrive à Paris à l'âge de 4 ans. Ses parents viennent habiter en France dans les années cinquante. Son père travaille dans une compagnie d'assurance Russe dont une agence se situe dans les beaux quartiers de Paris. Sergueï fréquente les écoles privées et passe ses loisirs à lire dans les parcs, il y joue aussi avec les petits parisiens de bonne famille, il est invité chez eux, ainsi il enrichit son vocabulaire et apprend les "bonnes manières" de la petite bourgeoisie. Il parle russe à la maison et français au-dehors. Une dizaine années plus tard, la société d'assurance périclite et toute la famille revint à Moscou.

Le changement de société est rude pour le jeune homme qui est plus parisien que moscovite. L'appartement de ses parents est exigu et perdu dans la banlieue de Moscou. La vie est rude, mais son ouverture d'esprit, son niveau d'étude et la parfaite pratique de la langue française lui permettent de trouver du travail. Il traduit des livres et des ouvrages techniques. Il se marie, ils ont un enfant, un fils, puis il divorce.

L'histoire va lui être favorable. Survient la chute du mur de Berlin en novembre 1989. Cet événement a des conséquences sur le devenir du système soviétique. Progressivement le pays s'ouvre sur le monde, et le monde s'intéresse à l'ex Union Soviétique. Ainsi Sergueï se reconvertit en interprète dans les domaines techniques tels que le nucléaire et l'aéronautique. Entre-temps, il rencontre Tatiana, divorcée elle aussi. Tatiana, est une littéraire, elle est bibliothécaire dans une des plus grande bibliothèque de Moscou. Ils sont tous deux amoureux des livres, ce sera leur union sacrée.

Je tombe sous le charme de ce couple d'intellectuels sympathiques, nous partageons le dîner, et buvons à notre rencontre. Puis j'abandonne leur compagnie. Je suis fatigué par mon voyage depuis Paris. Je laisse mes autres voisins de compartiment s'enivrer copieusement et chanter jusque tard dans la nuit.

Pour les voyageurs moins aisés, dans les wagons de seconde, le scénario est le même en ce qui concerne la boisson, mais les poissons fumés sont souvent remplacés par des sandwiches et du lard.

La nuit est agitée, non pas par le bruit des voisins en état d'ébriété, ils s'endorment assez vite, mais par les secousses, les bruits indéfinissables des rails, des aiguillages, ou encore les tampons des wagons qui se heurtent répercutant l'onde de choc sur l'ensemble du train. Vers le milieu de la nuit, un arrêt prolongé dans une gare sert, à en croire les bruits et les soubresauts, à un changement de locomotive.

Lorsque l'aube pointe, une musique nasillarde réveille tout le monde, quelques minutes plus tard, des coups frappés à la porte annoncent le service du thé. L'accès aux toilettes sera difficile, des visages fatigués attendent avec patience dans le couloir, la serviette et le savon à la main qu'une place se libère. La toilette demande une certaine anticipation, car l'attente est longue et le risque de ne pas avoir eu le temps de faire quelques ablutions matinales avant l'arrivée du train en gare est à prendre en compte.

Je retrouve Tatiana et Serguei sur le quai. Nous sommes dans le Sud, la région du Don. C'est dans cette région que je dois commencer mes recherches sur d'éventuels débouchés commerciaux. Serguei a une mission de traducteur de plusieurs semaines avec des ingénieurs du nucléaire. Nous nous quittons en nous fixant un rendez-vous. Ce sera dans un mois dans cette ville : Voronej, à mon hôtel.

C'est dans cette ville que Pierre Le Grand a décidé de faire construire les navires de sa flotte. Les forêts y sont abondantes avec des essences d'arbre adaptées à la construction de navires et il y a la rivière "*Voronej*" et sa confluence avec le "*Don*" navigable, qui se jette plus au sud dans la mer noire. Depuis, l'activité industrielle s'est orientée vers l'aéronautique, et la production d'électricité d'origine nucléaire. Une école d'agriculture et deux universités, une d'agronomie et une pédagogique sont les pourvoyeurs d'une jeunesse qui redonne vie à une ville qui, me dit-on, commençait à s'endormir depuis la perestroïka.

L'hôtel est un immeuble en béton assez laid de cinq étages, un immense hall est assombri par les multiples plantes qui grandissent près des fenêtres, masquant ainsi une partie de la lumière. Au fond, se trouve le comptoir de la réception. Monumental, il dissimule une employée qui, devant un registre épais comme un évangile tricote en attendant le client.

Ma présence interrompt le cliquetis des aiguilles ; je décline mon identité et lui tant mon passeport. Telle une écolière appliquée, elle transcrit toutes les informations du passeport dans le registre, puis elle détache une sorte de fiche d'un carnet, elle recopie une nouvelle fois des informations, termine par un majestueux coup de tampon et me remet ladite fiche. C'est me dit-elle, la preuve que je réside à l'hôtel, car elle garde mon passeport jusqu'au lendemain pour qu'il soit tamponné par la police. La partie administrative achevée, elle se lève, et se dirige vers le mur du fond où une petite armoire à la porte grillagée contient les clés des chambres. J'ai le numéro 135, il est gravé dans le bois du porte-clés en forme de grosse poire au bout de laquelle pend une clé qui paraît minuscule au bout du petit cordon en ficelle. Ayant loué la chambre pour une durée indéterminée au-delà de la semaine, j'ai droit à "une suite" pour un supplément très modeste. Un ascenseur moyenâgeux me hisse au quatrième étage. Au bout d'un immense couloir, il y a le numéro 135.

L'entrée de la suite est un petit vestibule. À gauche une salle de bains, en face un minuscule salon avec une table basse deux fauteuils et dans un coin, un poste de TV. Du salon on passe à la chambre. Il y a une armoire à glace contre un mur, deux lits jumeaux et une petite table avec une chaise sur le mur face aux lits. Il n'y a pas de tapisserie, les murs sont en béton plus ou moins bien lissé et peints en jaune. Le salon, est peint en vert comme le vestibule et la salle de bains. L'équipement sanitaire est rustique mais propre.

Voilà mon futur lieu de résidence. Les deux fenêtres du salon et de la chambre donnent sur un parc arboré derrière l'hôtel.

Le lendemain matin, j'ai rendez-vous au bureau de la police pour me présenter. Mon intuition me dicte cette démarche qui, certes, ne supprimera pas une surveillance de mes déplacements, mais montrera mon intention d'être connu et exposer le but de mon séjour. Un détail m'a échappé, les policiers parlent très mal l'anglais. Le contact est difficile, je repars sans avoir la certitude d'avoir été compris.

Je consacre cette première journée à la découverte de

la ville. À l'heure du déjeuner, j'entre dans un restaurant qui semble accueillant. Installé à une table, une serveuse m'apporte la carte des menus. Celui-ci est en Anglais. Les entrées, les plats et les desserts tiennent sur deux pages, je n'ai que l'embarra du choix. Mon premier choix est un échec, la serveuse m'informe qu'il n'y a pas ce que je demande aujourd'hui. Le deuxième choix n'a pas plus de succès, il en faut un troisième pour enfin obtenir quelque chose. Cette carte est un leurre, un affichage, j'apprendrai par la suite que les Russes n'en tiennent pas compte, ils demandent plus prosaïquement : - qui a-t-il à manger aujourd'hui ?

Trois jours plus tard, je récupère mon passeport, un feuillet a été glissé à la page du visa. Il est illisible pour moi, mais couvert de tampons et de signatures. Je suis rassuré, tout doit être en ordre. Je flâne dans les magasins, le bureau de poste, la mairie où je demande sous couvert de mon enquête des interviews et des visites dans les usines et les entreprises. Je comprends alors, que sans interprète je n'arriverai à rien, peu de personnes parlent suffisamment Anglais pour mener une conversation constructive. J'attends une semaine, Sergueï et Tatiana doivent venir me voir.

En attendant je recherche un moyen de transport indépendant, une location de voiture. Après une journée de recherches difficile, je comprends que ce service n'existe pas (pas encore) en Russie. Pire encore, un étranger ne peut pas acquérir de véhicule. Je suis dans l'étonnement et dans une impasse totale. Mon enquête sociologique et commerciale commence fort.

Le week-end arrive, Sergueï et Tatiana sont au rendez-vous.

— Alors, comment se passe ton intégration ? Demande Sergueï.

— Je découvre, et je suis très surpris. Je m'attendais à quelques originalités mais la réalité dépasse toutes mes espérances.

J'explique mes déconvenues avec la langue Anglaise, le menu du restaurant et la location de voiture. Cela amuse Sergueï.

— Bienvenue au pays des soviets. Dis-moi, tu es là pour une analyse sociologique de notre pays ? Alors, tu ne seras pas déçu. Nous t'offrirons la plus belle et la plus navrante utopie sociale que l'homme ait imaginé. La semaine prochaine, tu iras de ma part à l'institut pédagogique, ils te proposeront un interprète. C'est un peu cher, mais c'est ça ou tu apprends le russe ce week-end.

Pour la voiture, je vais y penser. Le seul moyen envisageable est que quelqu'un te prête la sienne en contrepartie d'une somme d'argent payable à la semaine. Je sais que cela se pratique, c'est officiel, il faut passer devant un notaire et la police. Après ça, tu seras en règle.

Es-tu libre demain ? Nous faisons un pic nique en forêt avec des amis. J'ai parlé de toi, ils sont heureux de rencontrer un Français, tu es invité.

— Je suis flatté Sergueï, ce sera un plaisir de découvrir autre chose que les administrations.

Ce jour-là, je fais une première immersion dans la société russe. Nous partons en fin de matinée, chacun porte quelque chose dans un grand sac en plastique (les sacs de publicité, notamment de cigarettes américaines servent quotidiennement au transport de toute chose, que ce soit au travail au marché ou pour aller au théâtre). On marche sur un sentier jusqu'à une petite clairière. Il fait frais, la senteur des sapins embaume l'air du matin, la rosée s'est évaporée. Les amis de Sergueï sont sympathiques, bavards et curieux de parler à un étranger, alors Sergueï traduit toutes nos conversations. En cheminant, les conversations vont bon train, la curiosité est grande de parler avec un français. C'est la première fois qu'une telle occasion se présente à eux. La politique fait partie des sujets abordés. Depuis que le parti communiste n'existe plus et que Gorbatchev a libéré la parole, la peur de parler n'existe plus. L'omerta sur les atrocités du Stalinisme est levée, alors on parle de démocratie, et de capitalisme. Les comparaisons sont légion, les opinions aussi. Parmi les amis, je ressens du regret, voire de la nostalgie chez l'un d'entre eux. Pour rétablir un peu d'équité, j'explique que dans les pays dits "démocratiques" et capitalistes, la vie n'est pas toujours facile. Les laissé-pour-compte sont nombreux malgré les réformes sociales promises par les gouvernements successifs. Ces réformes ne sont pas toujours tenues.

Arrivé sur place, les tâches sont partagées en trois groupes. Les dames étendent de grandes nappes sur l'herbe à l'ombre des arbres, elles préparent les légumes, des crudités et les entrées. Un groupe va chercher du bois armé d'une hache et les autres creusent dans le sol une tranchée d'un mètre de long sur cinquante centimètres de large et autant en profondeur. Lorsque les bûcherons reviennent, on allume un grand feu dans la tranchée et l'on met du bois jusqu'à ce que les braises arrivent au niveau du sol. Pendant ce temps, les dames ont enfilé sur de grandes brochettes torsadées d'un demi-mètre de long, la viande marinée. Ensuite elles préparent les légumes, coupent le saucisson, le fromage et la charcuterie, tout cela est disposé sur la nappe dans des assiettes. Pendant que les brochettes cuisent, on commence à grignoter et à porter les premiers toasts. D'abord aux femmes qui ont préparé le repas, puis aux hommes qui ont ramassé le bois et allumé le feu, à l'invité, à la forêt qui nous accueille. Tout cela avec de la vodka bien entendu.

. Il arrive souvent que l'un des convives apporte son instrument de musique, le plus souvent une guitare ou un petit accordéon diatonique. Il joue et tout le monde chante de vieilles chansons traditionnelles du répertoire russe, c'est magnifique et plein d'émotions. Lorsque le chachlik est cuit, chacun prend une brochette et l'on trinque à nouveau en chantant. La petite fête champêtre dure jusqu'à la fin de l'après-midi, et l'on reprend le chemin du retour après une longue sieste de dégrisement à l'ombre des arbres. Le soleil décline et les moustiques vont attaquer. Nous nous séparons avec la promesse de se rencontrer à nouveau avec ou sans interprète, car ils parlent pour certains d'entre eux, suffisamment Anglais pour que l'on puisse dialoguer.

## II
## LES SAISONS

**L'hiver**

Aussi loin que peu porter le regard, tout est plat et blanc. J'ai une pensée pour les grognards de Napoléons venus et repartis à pied dans ces étendues glacées. Rien n'a vraiment changé, l'hiver reste l'hiver, les forêts de bouleaux, les isbas regroupées en hameau comme pour se tenir chaud, les plaines nues, et aujourd'hui le ruban d'asphalte que l'on peut deviner entre deux congères. C'est la campagne russe en hiver.

On pourrait oser une comparaison avec les déserts, il y a cette même sensation de solitude, et de silence qui fascine. C'est une impression d'être d'une fragilité totale devant l'immensité désolée et glacée qui vous entoure.

C'est beau l'hiver Russe, c'est propre, d'une douceur ronde et glacée, le ciel est d'un bleu profond, le soleil scintille sur la neige gelée, les cheminées des isbas laissent échapper mollement des volutes de fumée qui hésitent à salir le ciel limpide. Dans les villages isolés, rares sont les passants, ceux qui vaquent à leurs occupations marchent le dos courbé les bras ballants tenant de grands sacs plastiques contenant quelques provisions achetées au magasin du village. Le temps va s'arrêter pendant quelques mois dans ces campagnes endormies.

La carte de vœux de fin d'année serait complète si une troïka tirée par trois chevaux accompagnés du tintement des grelots traversait le village emportant une princesse vers quelque château pour rejoindre son prince. Hélas, les temps ont bien changé, ce ne sont que de ternes voitures qui péniblement se fraient un chemin sur une neige jaunâtre mêlée de sable vers des villages isolés.

Les axes routiers reliant les grandes villes sont, été comme hiver, très fréquentés et assez dangereux. Ce sont souvent d'interminables lignes droites à trois voies de circulation. L'hiver, lorsque la température descend en dessous de -10°C, le sel n'est plus efficace pour faire fondre la neige, alors les Russes ne salent pas les routes, ils les sablent. En effet après chaque chute de neige du sable est répandu sur la chaussée. C'est ainsi que l'on obtient à la fin de l'hiver un empilement de couches de sable et de neige. L'inconvénient de ce système apparaît au moment de la fonte des neiges, des tonnes de sable sont entraînées avec l'eau et c'est ainsi que l'on trouve d'énormes monticules sableux disséminés au hasard sur la chaussée. Lorsque la température monte et que tout devient sec, le sable se transforme en poussière qui recouvre le paysage à plusieurs dizaines de mètres de part et d'autre de la chaussée. Quand vient l'été le sable, qui reste est récupéré pour l'hiver suivant.

L'hiver dans les grandes villes c'est un autre décor, avec d'autres attraits. La ville repose sous un cocon blanc, les coupoles des églises étincelantes et dorées sont alors recouvertes de « *sucre glace* ». À Moscou, le Kremlin un peu austère est plus accueillant. Le mausolée de Lénine passerait presque inaperçu sous son manteau neigeux, si un garde ne faisait pas des allers-retours devant l'entrée.

La place rouge est blanche et ses pavés recouverts de neige tassée n'en sont que plus glissants, car peu importe la température il y a toujours autant de touristes… Et de Russes à flâner sur cette agora célèbre.

Il n'y a plus de bateaux sur la Moskova gelée, ils sont remplacés par des patineurs ou des skieurs de fond. Selon l'importance et l'ancienneté des chutes de neige les rues sont praticables, mais les trottoirs beaucoup moins. Les Moscovites se déplacent beaucoup à pied, d'un pas rapide, même l'hiver alors que les trottoirs sont couverts de verglas et de neige tassée par les milliers de passants qui, journellement, compactent la neige sous leurs semelles au point de transformer le sol en patinoires. Lorsque l'on est un touriste, on est équipé de chaussures d'hiver à crampons, la démarche est hésitante, et depuis que je suis sur ce trottoir j'ai plusieurs fois esquissé un salto arrière non contrôlé. Il n'est alors pas rare qu'une jeune femme marchant rapidement me dépasse et ne tombe pas, la surprise est totale lorsque je découvre qu'elle porte des bottes à talon aiguille.

Alors, humilié, en équilibre précaire, je veux savoir comment elles font ? Après plusieurs observations, je remarque que les Russes ont un pas « *glissant* », ils ne plient pas et ne soulèvent pas le pied lorsqu'ils marchent ce qui évite le dérapage, le fait de glisser est plus naturel, la marche est plus souple et la perte d'adhérence plus rare.

Dans la rue personne ne se regarde, les passants vont tête baissée d'un pas rapide vers leur destination qui sera un immeuble surchauffé abritant des bureaux, des magasins des bars, ou des galeries marchandes.

Dans la rue on ne rencontre que des silhouettes emmitouflées dans des manteaux, des parkas, des chapkas et des gros gants fourrés. Dès que l'on rentre dans un lieu public, un bar une banque, et encore plus au théâtre, le contraste est saisissant. Une métamorphose impressionnante s'opère, surtout chez les femmes. Sitôt franchi le sas d'entrée de l'immeuble, qui permet de « *s'ébrouer* » de la fine pellicule de neige, on frotte ses chaussures sur un paillasson, on se débarrasse des manteaux, chapkas, etc. Place aux tenues légères, minijupes, souliers chics, retouche de rouge à lèvres, coup de peigne et les voilà tel des papillons multicolores sortis de leur chrysalide. Pour les hommes c'est moins spectaculaire, l'élégance et la séduction ne sont pas leur préoccupation.

C'est aussi l'hiver que les Russes organisent des chasses à l'ours. Il se trouve que je me débrouille maintenant suffisamment en Russe pour me passer d'interprète hors du travail. Cet avantage permet de passer du temps libre et des fins de semaine avec d'autres amis russes.

Nous sommes dans une petite ville de province, entre Moscou et St Petersburg, loin de l'axe routier qui relie ces deux villes. En début de matinée, mon ami, - un autre Sergueï - passe me prendre à l'hôtel, il fait froid, -12°C, (c'est à partir de cette température que les poils du nez gèlent au rythme de la respiration). Ce phénomène est sans conséquence sur la respiration, mais c'est un bon thermomètre.

Je m'installe dans sa vieille Lada. Nous nous rendons dans sa datcha à la campagne dans un minuscule village en bordure de foret. La route est enneigée, les congères forment des talus inégaux parfois de plusieurs mètres. Nous suivons des traces de véhicule, parfois la voiture dérape un peu, mais Sergueï maîtrise la trajectoire. En France nous serions en alerte rouge et le pays serait totalement paralysé. Ici tout est normal, le paysage est magnifique, il fait beau et je suis excité à l'idée de vivre un week-end d'aventures rocambolesques.

Après une demi-heure de route, la Datcha est en vue. Seulement comme elle est excentrée de la route, point de traces, alors malgré la bonne volonté du moteur, des roues et du chauffeur, la Lada se trouve posée sur un matelas de neige tassée. Nous finirons les quelques dizaines de mètres à pied pour aller chercher des pelles et dégager la voiture.

La datcha est un refuge, un endroit de liberté hors du collectivisme avec ses règles strictes souvent contraignantes, loin aussi du regard des autres quelques fois, inquisiteur. La Datcha est l'antidote du communisme et c'est un héritage culturel. Nul besoin de richesse pour posséder ce coin de tranquillité. Souvent c'est une modeste cabane de bois, faite de rondins de sapins ou bien de simples planches. Malgré la simplicité du bâtiment, l'intérieur est soigné, souvent coquet. Pour les plus modestes, une seule pièce sert de cuisine avec une table, quelques chaises, et de chambre avec un vieux canapé. Pour les plus aisés, c'est plus confortable, il y a une deuxième, pièce, une chambre avec plusieurs lits. Un soin particulier est porté sur l'isolation thermique, le calfat est inséré dans le moindre interstice des rondins de bois et un doublage intérieur termine l'isolation.

Quelle que soit l'importance de la datcha, il y a immanquablement un « *bagna* » c'est-à-dire un sauna. Le sauna est également culturel et indispensable. S'il n'est pas toujours intégré à la datcha il peut se trouver à l'extérieur au fond d'un petit jardin potager par exemple. C'est un petit bâtiment en bois constitué de deux pièces, une pour se dévêtir, et l'autre la cabine de sauna avec la chaudière.

Ainsi j'entrai dans la Datcha de Sergueï. D'autres amis étaient présents, visiblement j'étais l'invité de marque et tout serait fait pour que ces deux jours soient inoubliables. Nous étions entre hommes, les parties de chasse sont exclusivement masculines, et connaissant les habitudes des Russes, j'avais l'impression que la chasse n'était qu'un prétexte pour faire une fiesta entre copains. Il faut d'abord allumer le poêle à bois, car il fait froid, presque autant que dehors. Après beaucoup d'hésitations, le poêle se met à ronfler et une douce odeur de feu de bois réchauffe bientôt les pièces.

Nous sommes cinq : Sergueï, Igor, Youri, Vladimir et moi. Chacun s'active. Allumer le feu, préparer les fusils, les cartouchières, les tenues de chasse et les provisions de bouche. Moi je ne fais rien, j'absorbe ces instants telle une éponge, conscient que ce que je vois, et vis, est un privilège.

Les armes sont magnifiques, des fusils à pompe, des armes à répétition, un très beau fusil à deux canons superposés avec de très belles décorations sur l'acier des canons. Celui-ci m'est attribué. On m'explique les sécurités, le maniement de l'arme, les munitions à utiliser et je suis invité à faire quelques tirs d'essai derrière la datcha. Il est presque midi et nous prenons une petite collation. Quelques tranches de saucisson, des cornichons, un peu de porc fumé, des concombres et un toast à la vodka en l'honneur de la chasse et des ours.

Vêtu d'un treillis militaire, chaussé de bottes de feutre coiffé de ma chapka noire en lapin, la cartouchière à la ceinture et le fusil sur l'épaule, il ne restait qu'à chausser les skis. Une horreur !!! Les skis dix fois plus larges que des skis de fond ressemblent à des skis nautiques. Ils ne possèdent qu'une lanière de cuir comme fixation. Il faut introduire le bout de la botte sous la lanière, soulever le ski et le reposer en glissant. Facile à dire, beaucoup plus difficile à réaliser. Il me faut presque une heure pour m'habituer au maniement de ces sortes de planches que j'ai aux pieds. Je suis à la traîne du groupe et trempé de sueur. Mon attention est essentiellement portée sur mes skis de manière à ne pas chuter, et très peu sur un éventuel gibier qui croiserait ma route. Par bonheur nous ne rencontrons pas d'ours, car je serais incapable de le mettre en joue.

La fin de l'après-midi approche, le soleil décline derrière les sapins, nos ombres s'allongent de plus en plus sur la neige, ma fatigue est immense et le froid devient de plus en plus mordant. Enfin le village est en vue. Comme nous n'avons pas tiré un seul coup de feu, mes amis ont disposé des bouteilles vides sur des piquets de clôture derrière la datcha, et chacun à notre tour, nous tirons quelques cartouches jusqu'à ce qu'il n'y ait plus de bouteilles en état. Une fois débarrassé des skis, du fusil et de mon attirail de chasseur je me sens déjà mieux. Maintenant la soirée, je veux dire la fête, peut commencer.

Très vite le poêle du bagna au fond du jardin est allumé, une heure plus tard nous sommes nus et assis sur les bancs de bois du sauna. La température oscille entre 80 et 90°C, si elle baisse, on verse de l'eau avec une cuillère de bois sur l'acier brûlant qui immédiatement fait monter la température.

Les Russes aiment les saunas très chauds. Ils ont l'habitude de se flageller allongé sur le banc du sauna avec des branches de bouleau feuillues trempées dans l'eau. Un autre plaisir consiste à sortir du sauna en courant, se rouler dans la neige poudreuse pendant quelques instants et revenir tout rouge enveloppé de vapeur sur le banc et manger quelque chose. Une autre variante consiste à plonger dans l'eau glacée d'un lac après avoir cassé la glace. J'ai personnellement testé la neige poudreuse, c'est déjà assez tonique, l'avantage de la neige, c'est une sensation violente, mais très courte, alors que l'eau glacée c'est moins violent, mais beaucoup plus long à supporter.

En principe on ne reste qu'une dizaine de minutes dans la cabine, les séances de transpiration et de choc thermique dans la neige sont entrecoupées de périodes de repos dans la pièce voisine. Là, on boit du thé, de la bière et l'on mange un peu de charcuterie, et ainsi de suite, sur un cycle de trois ou quatre fois. Ainsi une séance de sauna peut durer plus d'une heure après quoi on retourne à la datcha pour se restaurer.

Le dîner est organisé sur la base d'un Chachlik. On peut faire un chachlik quelle que soit la saison. Une équipe prépare les légumes, coupe le saucisson, tranche les poissons fumés, et embroche la viande sur de grandes piques, l'autre équipe est dehors (il fait -15°C), allume le barbecue. Vient ensuite la longue cuisson des brochettes. Là il faut un volontaire, car le reste de la communauté commence à grignoter et surtout à porter des toasts, le premier est dédié à celui qui est dehors.

Lorsque la cuisson est achevée, le repas et les libations commencent pour se terminer tard dans la nuit. Je suis le premier à jeter l'éponge, car entre le parcours de l'après-midi, le sauna, l'alcool et les efforts de communication dans une langue que je maîtrise mal, je m'écroule de fatigue sur mon lit tout habillé. Il faut avoir une sacrée santé pour faire la fête avec les amis russes !!! Je me demande si ce n'est pas en autres, un des nombreux critères de sélection pour accéder à leurs jardins secrets.

Je croyais qu'après les aventures de la chasse à l'ours, il n'y aurait plus beaucoup d'occasions de me surprendre. Je me trompais. Au cours d'un autre séjour, mon ami me demande si je peux rester une journée supplémentaire dans la région, car il veut me faire vivre quelque chose d'extraordinaire. Alors, piqué par la curiosité et conscient qu'il veut me faire plaisir j'accepte l'invitation.

C'est toujours l'hiver, il fait un temps neigeux. En début d'après-midi nous partons dans une région boisée. Je n'ai aucune idée de ce qui m'attend. Nous roulons dans des chemins complètement enneigés au milieu des bois quand soudain nous arrivons dans une clairière. Au bord de la clairière, un camion militaire bâché est arrêté. À notre approche, deux militaires en tenue de camouflage viennent à notre rencontre, ils nous saluent, échangent quelques mots avec Serguei et nous invitent à monter à l'arrière du camion. Je suis complètement ahuri de ce qui se passe et pendant que nous roulons au milieu des bois, j'essaye d'imaginer quel sera le but de cette expédition. Visiblement c'est un plan avec l'armée ou la milice ? Nous roulons pendant une demi-heure quand le camion s'arrête devant un grand portail grillagé.

Nous entrons dans ce qui ressemble à un camp militaire. Un gradé se présente à notre descente du camion et enfin, mon ami me dit où nous sommes et ce que nous allons faire.

Nous sommes dans un camp d'entraînement de l'armée rouge, la particularité de ce camp est qu'il sert de base d'entraînement au tir de précision, et de repos pour les soldats qui rentrent de mission en Tchétchénie. Je suis inquiet, car à cette époque ce qui se passe en Tchétchénie n'était pas très glorieux, alors rencontrer des soldats qui ont peut être commis les pires exactions là-bas me gêne quelque peu, mais impossible de faire marche arrière, je mets mes états d'âme de côté.

Très vite je suis conduit sur le pas de tir et l'on me présente trois types d'armes. Un pistolet *Makarov* de 9 mm, une *kalachnikov*, et un fusil de sniper. Après avoir suivi les explications sur le maniement et les sécurités de ces armes, on me confie des chargeurs et je peux tirer à volonté sur des cibles.

Je commence par le pistolet, le recul est impressionnant et j'ai du mal à loger quelques balles dans la cible qui n'est pourtant pas très éloignée. Vient ensuite la Kalachnikov, on me demande de m'allonger dans la neige et l'on dépose à mes côtés une caisse remplie de chargeurs. Je tire sans trop viser, car cette arme n'est pas d'une grande précision. J'avoue que c'est excitant de pouvoir tirer à volonté des rafales sans aucune restriction avec cette arme de légende. Puis, toujours allongé, je prends possession du fusil à lunette pour tirer sur des cibles éloignées. Là, il s'agit d'un exercice de précision et je dois dire que ce n'est pas trop difficile, même plutôt agréable bien que le froid commence à traverser ma parka.

Quand tout est terminé, une heure et demie plus tard, une petite réception est organisée au mess des officiers. J'ai quelques craintes. Boire de l'alcool avec des militaires m'inquiète. Mes craintes sont infondées, ils nous servent des boissons non alcoolisées et les militaires sont très agréables et amicaux. Mais un militaire reste un militaire, surtout en service, et un civil étranger de surcroît ne peut pas séjourner trop longtemps dans ces lieux, alors après un soda, un officier nous raccompagne vers le camion.

Sur le chemin du retour, j'avais de la peine à imaginer comment je pourrais raconter cela en France sans que l'on me prenne pour un affabulateur. Et pourtant c'est vrai, j'ai tiré à la kalachnikov dans un camp de l'armée rouge en plein hiver dans une forêt, couché dans la neige par un froid glacial.

Les Russes sont vraiment surprenants !!! C'est une démonstration supplémentaire de leur côté maximaliste, lorsque vous êtes apprécié et aimé, rien ne les arrête pour vous faire plaisir.

**L'été**

La Russie a un climat continental typique, l'été peut y être caniculaire. Seule la fraîcheur des sous-bois permet de respirer un peu d'air frais. Les Russes adorent la campagne et la nature sauvage. Les forêts sont nombreuses et immenses et en dehors des agglomérations la nature est vierge. Lacs et ruisseaux abondent, seuls les moustiques viennent gâcher la quiétude des lieux dès que le jour décline. S'ils sont en forme, ils peuvent déclencher des attaques en plein après-midi, cela dépend de la luminosité. Il n'y a que deux parades. Fuir ou se mettre dans la fumée d'un feu de camp. Inconvénient de ce choix : vous sentez le « *boucané* » pendant plusieurs jours. L'exposition à la fumée ne suffit pas toujours à décourager le moustique assoiffé, un après-midi, mon jean a été recouvert de moustiques essayant d'atteindre la chair tendre de ma cuisse. L'été c'est aussi la saison privilégiée pour se rendre dans les Datchas. Les petits jardins privatifs, dans les zones périphériques des villes et villages s'animent autour des célèbres Datchas et des potagers. La famille se rassemble pour réparer, et enjoliver la petite maison qui à subit les agressions de l'hiver. Au potager, on récolte, on fait des conserves pour la saison hivernale, mais aussi on se détend, les soirées sont longues autour du BBQ. On mange, on boit, on chante, on joue de la musique sous une tonnelle de vigne grimpante qui souvent produira à l'automne quelques grappes d'un raisin à la peau épaisse au goût acidulé. La campagne Russe foisonne de forets et de plans d'eau. Les Russes sont très attachés à la nature, ils s'y promènent à pied par des chemins de terre pour s'isoler une journée en famille. Les lacs et étangs sont poissonneux, les sous-bois humides sont favorables à la cueillette des champignons, alors entre la pêche, la cueillette, le pic nique, et la sieste dans les hautes herbes, la journée bucolique se poursuit jusqu'à l'heure où les moustiques donneront l'heure du départ. Ainsi passe la saison estivale avec des plaisirs simples dans une nature vaste et sauvage.

### III

## UNE VILLE DE PROVINCE

Les villes moyennes de 30 000 habitants ont vu le jour en même temps que l'ère industrielle des années cinquante.

L'usine et la ville sont sorties de terre en même temps et très rapidement. Il fallait loger, nourrir et divertir les bâtisseurs et plus tard les ouvriers techniciens et ingénieurs.

Les éléments de construction sont pour la plupart des briques blanchâtres, avec lesquelles on édifie rapidement des immeubles sans charme aux finitions bâclées. Un ami français me faisait remarquer qu'il était facile de confondre un bâtiment en ruine d'un autre en construction. Évidemment la comparaison est un peu exagérée, mais pas totalement fausse.

Ainsi se sont élevées des barres d'immeubles d'une dizaine d'étages, dont les accès sont souvent restés en terre battue. Les esplanades centrales sont équipées de jeux pour les enfants, toboggans, et balançoires aujourd'hui tombés en décrépitude. Les tentatives de jardin public ne sont que buissons et herbes folles.

Un ami russe me dit un jour : « *ce n'est pas parce que ce n'est pas beau que ce n'est pas solide* ». C'est partiellement vrai, car dans bien des cas la laideur est associée aux malfaçons et aux vieillissements prématurés, ce qui n'encourage pas aux réparations qui sont à la charge de la communauté. Justement c'est paradoxal, au pays du collectivisme, tout ce qui touche la collectivité n'est pas ou peu entretenu. L'utopie du partage des droits et des devoirs montre que cela ne fonctionne pas. On n'est pas loin de penser que le partage social obligatoire a conduit à davantage d'individualisme.

Je suis allé rendre visite à de nombreux amis dans leurs appartements, la description qui suit est malheureusement une constante, en tout cas dans la ville où j'habite. L'arrivée dans les étages est à l'unisson, des paliers sombres faiblement éclairés par un plafonnier crasseux auquel il manque des ampoules. Au pays du socialisme, l'individualisme est roi. Alors, si les entrées d'immeubles et les extérieurs ne sont pas ou peu entretenus, voire dégradés, il n'en va pas de même à l'intérieur des appartements.

Passé la porte d'entrée, un monde plus coquet surprend le visiteur. Bien que souvent exigus, les appartements sont propres, bien aménagés, pas toujours avec goût, mais il faut bien composer avec ce que l'on trouve dans les magasins. Les équipements de la cuisine et de la salle de bains sont rustiques. La gazinière est hors d'âge, l'allumage du four reste une prouesse risquée. Dans la salle de bains, les murs sont en béton peints en vert ou en bleu. La baignoire n'a pas de parements, ce n'est pas beau, mais pratique, on peut y ranger des objets dessous. Les robinets très simples sont comme ceux de la cuisine, ils fuient goutte à goutte en permanence, les joints sont difficiles à trouver et les robinets de si mauvaise qualité qu'un joint neuf (qui lui non plus n'est pas de très bonne qualité), ne rend pas le robinet forcément étanche. Le reste des meubles est à l'unisson, généralement en bois plaqué ou peint. Des napperons et des vases donnent un air coquet à ces meubles de mauvaise qualité. Dans le salon il y a toujours un canapé convertible, car le salon devient souvent une chambre le soir venu.

Dans toutes les cuisines il y a une radio, plus exactement, un haut-parleur accroché au mur par un clou. Sur la façade il y a deux boutons, l'un pour couper et régler le son, l'autre pour commuter les deux ou trois programmes disponibles. Cet appareil est connecté à une prise murale par un câble libre. Le système est astucieux, ainsi tout le monde a la même information correctement censurée et les programmes sont sous le contrôle permanent du pouvoir. L'auditeur a le choix entre deux ou trois stations, soit de la musique classique, de la musique populaire ou de l'info. À chaque changement d'heure, une petite musique lancinante vous rappelle qu'une heure vient de s'écouler. De là à ce qu'il y ait des microphones à l'intérieur de l'appareil….la suspicion est présente dans tous les foyers. Un jour, j'ai osé ouvrir l'un d'eux et je n'ai rien trouvé.

Cette description des immeubles et des appartements est caractéristique de la province. Ce n'est pas le cas dans le centre-ville des grosses agglomérations où la réalisation des immeubles est de bien meilleure facture.

Malgré des airs de cités fantômes, ces villes vivent, et ont une âme. Leur âme, ce sont les habitants, certains font partie de la quatrième génération d'ouvriers et techniciens de l'usine, qui reste le poumon économique de la cité. Comme souvent dans les grands pays, les villes sont au milieu de nulle part. La Russie pays continent n'échappe pas à la règle. La campagne environnante est plate, parsemée d'anciens kolkhozes sur une terre noire qui produit du blé, un peu de maïs, et du fourrage pour les animaux. Ainsi il y a cohabitation de deux mondes, celui de la paysannerie, et celui du monde industriel. La ville est pour l'un, source d'approvisionnement et pour l'autre source de revenus.

Beaucoup de villes russes sont bâties à l'unisson. Une grande avenue centrale, assez large, est bordée d'arbres avec une contre-allée piétonne. Au centre, il y a une grande place avec une statue d'homme politique, souvent Lénine ou Staline. Chaque ville a au moins un monument à la gloire de la révolution ou bien une impressionnante stèle à la gloire des morts de la deuxième Guerre mondiale. Si la ville est suffisamment étendue, des lignes de tramways sillonnent les principales artères, les taxis sont peu nombreux. Dans d'autres villes moins importantes, les entreprises mettent en place des navettes pour leurs employés. La marche reste cependant le moyen de se déplacer le plus utilisé.

**Le Side, Car**

Sylvain Tesson en a fait la vedette de sa "retraite de Russie". C'est le véhicule emblématique dans la campagne russe.

Le side-car. Je n'en avais pas vu depuis la grande vadrouille pensant que c'était un accessoire de cinéma. Il y en a des milliers qui sillonnent les routes de la campagne russe. Les gens modestes ne possèdent pas de voiture, alors le side est utilisé pour transporter les sacs de patates ou d'oignons, les courses du marché, tout ce qui n'est pas transportable à vélo ou à pied, et surtout, il permet de se déplacer en famille dans la ville ou le village voisin. Le pilote, casqué de cuir avec ses lunettes à facettes semble sorti d'une bande dessinée. On entend le Side arriver de loin avec son bruit caractéristique, suivi de son petit nuage de fumée bleutée. Il est souvent peint en bleu ou en vert sombre. Il n'y a pas de décorations superflues pour égayer l'engin qui reste une sorte de « *bête de somme* » à trois roues.

Monsieur et Madame reviennent du marché, Madame est dans le Side tenant les provisions sur les genoux, parfois elle disparaît presque totalement sous les marchandises, seul son casque signale sa présence L'engin n'est pas facile à manœuvrer, mais une route mouillée glissante, enneigée ou boueuse ne l'arrête pas. Pour ceux qui sont encore plus pauvres, et ne peuvent accéder au luxe du Side, il reste le cheval. Attelé à une sorte de charrette fabriquée avec un vieil essieu de camion, la pauvre bête est à l'unisson de la charrette quelle tire. Sale, décharnée, cagneuse. Elle ne trotte qu'avec le stimuli des coups de trique qui s'abattent sur sa croupe osseuse.

J'ai le souvenir d'un spectacle à la fois surprenant, triste et incongru. Sur l'esplanade d'un magasin d'état à la façade lépreuse et délavée, un side et un cheval attelé à une charrette, sont côte à côte au pied d'un monument. L'image est en complet décalage avec le symbole du monument. Celui-ci représente un fier cosmonaute en apesanteur rappelant ainsi la glorieuse et Belle Époque de l'Union soviétique conquérant l'espace. Mais à ses pieds, la réalité quotidienne est misérable, elle montre les moyens précaires de transport ruraux, qui sont aux antipodes de la conquête spatiale.

Ce n'est pas à Moscou ou à St Petersburg que l'on rencontre pareils attelages, mais dans la Russie profonde, celle qui n'est pas encore atteinte par la perestroïka et les nouveaux riches. C'est la Russie des gens simples, des moujiks. C'est dans ces villes de moyenne importance que les stigmates des 70 ans de communisme sont encore bien visibles.

**Les magasins d'état**

Ce sont des établissements avec pléthore de personnel et peu de marchandises à vendre. Devant chaque rangée d'étagères, une vendeuse est là vêtue de blanc avec une charlotte ou une coiffe blanche sur les cheveux. Pour chaque type de rayonnage, le principe est le même. Quand on veut un article, il faut le nommer, par exemple de la farine. La vendeuse s'en saisi sur l'étagère et le dépose sur le comptoir, mais ne le donne pas au client, elle édite un ticket avec une caisse enregistreuse et le remet à l'acheteur qui doit aller vers une autre personne plus loin au fond du magasin pour s'acquitter du prix indiqué sur le ticket. Il revient ensuite avec le ticket acquitté et reçoit le produit demandé. Le client a intérêt à grouper les tickets, car la file d'attente à la caisse peut parfois être longue. Pour un Occidental ce système compliqué et ridicule demande de la patience et au sang froid. Surtout, ne pas s'énerver !!!

Un autre détail amusant, les œufs sont vendus par plaquettes de 12, pas de détail possible, ainsi un jour j'ai demandé 6 œufs. En russe on demande un œuf (une notion incompréhensible pour un Européen). J'ai payé avec mon ticket et au retour auprès de la vendeuse, elle avait consciencieusement préparé 6 plaquettes de 12 œufs. Là, il est impossible de négocier quoi que ce soit, on repart avec ses plaquettes que l'on transporte comme on peut.

Une autre pratique qui dépasse l'entendement. Les pâtes sont vendues dans des sachets de 500 g. Ce qui est intéressant à observer, c'est le conditionnement : les pâtes de type « *macaroni* » sont stockées dans de grands sacs en papier de plusieurs dizaines de kg. La vendeuse réglementairement vêtue de blanc comme ses collègues ressemble à une infirmière. Elle pose sur une vieille balance à cadran un sachet de papier et à l'aide d'une petite pelle puise dans le grand sac pour remplir le sachet jusqu'au poids requis, quelques pâtes tombent à terre. Il est difficile d'arriver au bon poids du premier coup car l'on pèse au gramme près. Ainsi pour obtenir ce poids la vendeuse brise les macaronis en petits morceaux, ajuste le poids du sachet et jette les brisures en trop sur le sol qui en est déjà jonché. Le but recherché est que le client ne soit pas volé ni avantagé, le pesage se fait donc au plus juste. La méthode et la scène sont assez hors du temps, et une fois encore, inimaginable pour un Européen.

Dans les petites villes de province, le stand de légumes est garni en fonction des saisons, l'été il y a peu de fruits. Cette absence de fruits frais s'explique par l'abondance de petits jardins individuels associés à une datcha, situés dans la proche périphérie de la ville, chacun cultive donc ses fruits et légumes. L'hiver on trouve des citrons, des oranges, des bananes des pommes et même des ananas, même des tomates. Cela s'explique par l'étendue du territoire, dans le Sud il y a une grosse production maraîchère et un peu partout des productions hors sol sous d'immenses serres chauffées par les circuits d'eau chaude du chauffage urbain.

Le stand de viande n'est pas alléchant, les morceaux sont dans des consoles réfrigérées, ils sont congelés, très mal découpés, et disposés en vrac. Il est quasiment impossible sauf si l'on a eu une formation en boucherie de reconnaître les différents morceaux du bœuf ou du cochon car il n'y a pas d'étiquetage. On a l'impression que la bête a été découpée à la hache.

Le marché hebdomadaire se tient sur une aire bétonnée près du centre-ville. Même l'hiver par des températures sibériennes, le marché fait recette, car on y trouve de tout, du tournevis au lave-linge. De loin en loin, des stands de thé bouillant et de petits gâteaux permettent de se réchauffer.

Des étals sont exotiques, ceux des fourrures sont étonnants. En effet beaucoup d'artisans proposent des chapkas, des gants, des manchons en renard argenté, loutre, hermine, etc....à des prix très bas. Parfois le tannage n'est pas d'une grande qualité.. Alors à la longue les poils tombent.

**Le Kiosque**

La perestroïka a permis à un système libéral de voir le jour. Ainsi les « *kiosques* » se sont développés un peu partout sur le territoire. Rien à voir avec nos kiosques parisiens. Ici ce sont des bungalows de chantiers installés aux quatre coins de la ville. Ils proposent toutes sortes de produits, du pull à l'ampoule électrique, en passant par la canette de bière hollandaise, pour finir par le jouet de pacotille fabriqué en Chine. Le, ou la commerçante, racole sur le trottoir pour vanter la quantité et la qualité de sa marchandise. Ainsi un autre mode de commerce se met en place, celui de la débrouille et certainement celui des petits maffieux, tout le monde y trouve son compte. Tous ces tenanciers de « *kiosque* » sont très intéressés par les rares étrangers qui résident en ville. Ils savent que ceux-ci trouveront chez eux ce qu'ils ne trouvent pas dans les magasins d'état. Ils cherchent alors le contact pour parler, car ils sont curieux de mieux connaître le monde occidental. Ce besoin de communiquer, enfin possible, délie les langues si longtemps muselées par la crainte d'une dénonciation et de sanctions.

Ayant une caméra, je commence un reportage sur les Russes que je rencontre, et les lieux où je me rends. Accompagné d'un interprète, je demande au propriétaire d'un Kiosque s'il accepte de témoigner. Il se prête au jeu avec enthousiasme. Nous échangeons sur les difficultés du commerce, sur la Russie, sur la France, et sans transition, il me raconte la métaphore suivante :

— Connaissez-vous la cinquième génération des chiens ?

— Bien sûr que non répondis-je.

— Voilà dit-il, vous avez une portée de chiens. Dans cette portée vous tuez les plus intelligents, les plus vigoureux, les plus gentils. Ceux qui restent donnent naissance à une autre portée. Sur cette portée vous faites la même chose, et ainsi de suite, jusqu'à la cinquième génération.

J'étais curieux de connaître la fin de l'histoire.

— En Russie aujourd'hui, les gens qui nous dirigent sont la cinquième génération des chiens. Depuis quelques générations nous avons éliminé les intellectuels, les gens instruits, ceux qui avaient les capacités pour gouverner notre pays. Ceux que nous n'avons pas pu éliminer sont partis à l'étranger. Vous voyez le résultat !

On nous faisait croire que nous étions les meilleurs, le pays où il était le plus agréable de vivre, un pays riche que tout le monde enviait. En fait aujourd'hui nous sommes la risée du reste du monde, regardez autour de vous, tout tombe en ruine, il n'y a pas de système social, la monnaie est dévaluée chaque semaine, l'école enseigne toujours avec les mêmes manuels dans lesquels l'histoire est orientée et censurée alors que le monde a évolué depuis les bolcheviques.

Je n'en crois pas mes oreilles et je me rends compte que l'interprète est gêné de traduire de tels propos.

Quelques passants commencent à former un cercle autour de nous, alors, je conseille aimablement à mon interlocuteur de changer de propos. Il a du mal à s'arrêter, pour une fois qu'il pouvait dire tout haut ce qu'il a sur le cœur !

Ainsi ce qui vient d'être dit confirme ce que j'observe au quotidien. Que ce soit dans l'administration, les transports, les magasins, les services publics, tout semble compliqué, lent, obsolète et dysfonctionne.

**Les bas-fonds**

Toutes les villes ont leur côté obscur, leurs bas-fonds, où les étrangers n'ont pas accès, par crainte d'une agression ou simplement par manque de curiosité. Quelle meilleure façon pour connaître un peuple que d'aller flâner dans des endroits improbables.

*Joseph Kessel*, ma référence humaniste, sociale et aventurière, n'aurait pas raté cette occasion de découvrir à la périphérie de la ville, dans un ancien jardin public, un bouge particulièrement glauque.

La soirée est bien entamée, l'obscurité est profonde. Une petite clarté filtre par la porte d'une cabane en bois. Des éclats de voix et de rires troublent la quiétude de l'endroit, il fait encore doux pour ce début de nuit d'août. À l'intérieur, seul le comptoir est éclairé, le reste de l'établissement est dans la pénombre. Quelques tables et de petits bancs sont disposés sans ordre sur le sol en terre battue. Quelques hommes d'âge moyen rient et braillent en buvant de la bière et de la vodka. À l'entrée un landau attire mon attention, je me penche et aperçois un bébé de quelques mois, il ne dort pas et ses yeux cherchent visiblement un visage connu. Sa maman est là, je ne l'avais pas vue en entrant, elle est attablée avec plusieurs hommes et semble apprécier les multiples attouchements qu'elle subit visiblement de bon grès. Tous les clients y compris la femme sont ivres, et mon entrée est remarquée car complètement incongrue en ce lieu. Mon malaise est visible, un des hommes m'adresse la parole dans un anglais scolaire et hésitant. Après quelques phrases qui traduisent une nette invitation à partir, je quitte l'établissement avant que la violence sous jacente se manifeste.

Un autre jour en fin d'après midi, la découverte d'un

bar à bière comble ma curiosité. Dans une zone piétonne, garnie de bosquets mal entretenus au centre de la ville se trouve un bar, ou plus exactement un distributeur de bière, ouvert quelques heures par jour en fin d'après midi. Une grande salle aux murs blanchâtres sans décoration avec d'un côté, de grandes tables rectangulaires alignées perpendiculaires au mur. Des bancs y sont disposés de chaque côté. En face, il y a une sorte comptoir en zinc avec un guichet. Une femme vêtue d'une blouse blanche et d'une coiffe attend les clients.

Les clients arrivent, pour certains les mains vides, d'autres ont des récipients de toutes sortes, des bassines en plastique ou des jerricans. L'établissement ne vend que de la bière. On peut consommer sur place ou bien emporter une boisson dans les récipients que l'on a apportés, la bière est vendue au litre.

Cette pratique est étonnante vu la nature des contenants et des quantités de bière emportées, en effet certains partent avec plusieurs dizaines de litres. Ceux qui consomment sur place commandent sur le zinc des chopes d'un litre accompagnées de poissons fumés et desséchés qu'ils mangent à main nue sans assiettes, laissant les tas de déchets et d'arêtes sur les tables. Lorsque les tas deviennent trop imposants au point de ne plus poser une chope de bière, la serveuse vient avec un seau et une balayette nettoyer la table.

Parfois la bière ne suffit pas pour atteindre l'ivresse, alors certains consommateurs dissimulent sous la table, entre leurs jambes, une bouteille de vodka. Ils attendent le moment propice. Quand il n'y a pas trop de monde ou que personne ne regarde dans leur direction, ils versent une grosse quantité d'alcool dans la bière. Ainsi l'ivresse est assurée, leur démarche titubante à la sortie le confirme.

Ces deux lieux de débauche et d'ivrognerie sont une des fenêtres montrant l'état de déchéance d'une partie de la société russe. Certes, il s'agit ici de la province profonde, mais en ce qui concerne l'alcoolisme, je vais avoir bien d'autres exemples de ce cancer qui ronge toutes les couches de la population.

**La cantine**

Les bolcheviques ont élevé le prolétariat au rang de valeur sociétale, au détriment de tout ce qui représente un symbole de richesse ou de bourgeoisie. Les quelques exemples qui suivent en sont une triste illustration. Quand le prolétariat remplace l'éducation jugée bourgeoise par une éducation populaire, certains effets sont inattendus.

À la cantine de l'usine, au self, il n'y a pas de couteaux, seulement une cuillère et une fourchette de fer-blanc. L'observation discrète des ouvriers qui déjeunent est révélatrice du premier effet prolétaire. La plupart sont penchés sur leur assiette à tel point que celle-ci effleure leur menton. L'explication est simple, un ouvrier n'a pas besoin de couteau objet symbolique de la bourgeoisie, alors pour couper sa viande il prend le morceau, et à l'aide de sa fourchette, le déchire avec ses dents. Il n'y a pas de serviette de table non plus, cela aussi pourrait rappeler la bourgeoisie éradiquée dans le sang en 1917. La serviette est remplacée par un petit morceau de papier de la dimension d'une demi-feuille de papier toilette, il en a d'ailleurs la texture. Ce manque d'éducation et de savoir être maintenu par des concepts d'un autre âge, fait peine à voir. C'est affligeant que des ouvriers soient ramenés au rang d'animal devant leur pitance, et que cela soit commun.

À propos de serviette de table, bien plus tard, lors d'un déplacement en France avec quelques collègues russes, nous avions organisé un dîner dans une école hôtelière à Lyon. Au cours du repas quelle ne fut pas la stupéfaction du jeune maître d'hôtel en formation lorsqu'il vit un des convives russes se moucher dans la nappe d'un blanc immaculé. L'incident n'eut pas de conséquences, il y eut un moment de silence, puis les conversations reprirent. Ce comportement inattendu illustre un certain état d'esprit. Un geste antibourgeois refoulé ? Ou un véritable comportement de Moujik ? Notre collègue n'était plus très jeune, et nous avions déjà remarqué qu'il était réfractaire aux changements politiques et sociologiques de son pays. Un rebelle en quelque sorte !!!

**L'hôpital**

Un ennui mineur de santé m'a permis d'entrer dans le monde hospitalier. En province, il n'y avait à ma connaissance pas d'autre possibilité de consulter un médecin en dehors de l'hôpital. C'est ainsi que j'ai fais connaissance avec le milieu hospitalier urbain. L'hôpital de la ville est ancien, les couloirs ont des revêtements muraux défraîchis, on aperçoit en passant des chambres communes avec des lits de fer alignés séparés par une tablette de bois. Quelques patients sont là plus ou moins somnolents. Cela rappelle les films de la Première Guerre ou la caméra promenait son regard froid sur les chambrées de soldats blessés. Je suis conduit dans une salle de soins. Les murs sont carrelés de blanc, le sol est en revêtement de type linoléum, il y a quelques servantes de fer sur roulettes, des appareils d'osculation d'un autre âge, des étagères garnies de boîtes et de cartons, une table d'osculation dont la partie matelassée est recouverte d'une protection en plastique, un lavabo, un essuie-main en tissu monté sur rouleau et quelques chaises. Un docteur arrive. Après avoir expliqué en Anglais la douleur que je ressens au niveau des cervicales il me fait une osculation dans les règles et me dit qu'il va me faire une piqûre. Après un grand moment d'attente, il revient avec un haricot en fer émaillé avec à l'intérieur, une seringue en verre, une aiguille sans emballage, et un flacon scellé contenant un liquide translucide. Je me demande alors si ce n'est pas une erreur d'être venu ici quand il désinfecte l'aiguille et la seringue avec de l'alcool qui sent étrangement la vodka. L'injection sous-cutanée se déroule sans problème ni douleur. Je prends rendez-vous la semaine suivante pour une séance d'acuponcture. J'ai une deuxième inquiétude lorsque je vois les aiguilles tremper dans une solution qui ressemblait à celle déjà observée la semaine précédente. Cependant tout se passe bien. Après un retour de France je fais don au médecin d'une boîte d'aiguilles stériles que m'a gracieusement donné mon acuponcteur français. J'apprends par la suite que l'hôpital ne possède que deux thermomètres à mercure qui passent d'un malade à l'autre après avoir séjourné dans l'alcool. Je n'imagine pas la prise en charge d'un accident du travail ou d'une maladie grave et encore moins une intervention chirurgicale. Je crois sincèrement que les médecins et infirmières sont très compétents, mais ils sont hélas obligés de composer avec les moyens limités qui leur sont alloués. Nous sommes en 1993 dans une petite ville de la très lointaine capitale, Moscou.

### *Le théâtre*

Le théâtre fait partie de la culture russe, il est beaucoup plus fréquenté que dans nos sociétés occidentales et il est accessible aux couches modestes de la population. Au temps des Tzars, seule la classe aisée côtoyait régulièrement les théâtres. Les bolcheviques ont démocratisé cette culture en s'assurant que la programmation reste dans la ligne du parti. Les théâtres sont présents dans toutes les villes moyennes, ils font partie du paysage du centre-ville. Tous bâtis sur le même modèle, celui du Bolchoï. Il n'y en a pas de plus grand en Russie (Bolchoï veut dire grand). Son seul rival à l'époque de sa construction était la Scala de Milan.

Le Bolchoï est un monument célèbre dans le monde entier, ainsi que sa fameuse troupe. L'arrivée des Bolcheviques (rien à voir avec le théâtre) a permis à chacun d'aller aux spectacles voir des ballets, écouter des opéras célèbres et découvrir la musique des grands compositeurs russes, ceux qui avaient grâce auprès des dirigeants. Et cela à un prix très bas, voir symbolique. Les Russes ont une bonne culture lyrique, ils connaissent très bien les œuvres classiques des grands compositeurs.

On peut acheter des billets dans des kiosques aux alentours du théâtre, dans les hôtels et sous le manteau sur les marches du bâtiment. Il y a trois catégories de prix : pour les touristes, dans les hôtels on paye en dollars, juste un peu moins cher qu'au palais Garnier à Paris. Dans les kiosques : si l'on est touriste, on paye le maximum, mais on peut payer en Roubles, ce qui revient un peu moins cher. Il reste la vente sous le manteau, possible si l'on se débrouille en russe le prix devient très intéressant on peut avoir une place au quart du prix. Pour les Russes, le prix reste dérisoire.

Une soirée au Bolchoï, c'est un spectacle dans le spectacle. Que l'on soit à Moscou, à St Petersburg ou en province, que ce soit l'hiver ou l'été, le rituel est le même. Je décris ici un rituel d'hiver.

Une demi-heure avant les trois coups, la foule se presse pour entrer. Les femmes sont vêtues de manteaux en fourrure et coiffées de chapka. Les hommes portent le plus souvent des parkas. Les femmes entrent avec un grand sac plastique. Une fois à l'intérieur, elles vont dans les vestiaires et en ressortent quelques dizaines de minutes plus tard métamorphosées : maquillées, talons aiguilles et robes de soirée décolletée, sans parler de la coiffure très apprêtée. Le sac plastique a été remplacé par une élégante pochette en cuir souple ou bien en imitation pour les plus modestes. Chez les hommes c'est moins spectaculaire, très traditionnel, costume, cravate ou nœud papillon.

La sonnerie retentit, et chacun rejoint sa place guidé par des ouvreuses. L'intérieur du théâtre n'est que velours rouge écarlate et dorures dans un style tout à fait rococo, mais l'ensemble est saisissant. Au centre de la salle, le lustre d'une dizaine de mètres de diamètre vaut à lui seul le déplacement. Le spectacle commence dans un silence de cathédrale.

À l'entracte, le public va rejoindre les buffets où l'on va se restaurer avec de petits sandwichs, des toasts au caviar rouge ou noir (à l'époque il y en avait encore) et des gâteaux. Le tout arrosé de vin et/ou de champagne (il s'agit en fait de vin pétillant venant de France). Au bout de quelques minutes, tout le monde retrouve sa place. Après la traditionnelle cérémonie des rappels et des bouquets de fleurs aux artistes, les belles dames retournent au vestiaire pour se transformer à nouveau en madame tout le monde.

## IV
## LES US ET COUTUMES

Lorsque l'on commence à s'intégrer dans la société russe, on est invité à partager un repas chez des amis.

En tant qu'invité, il est élégant d'apporter des fleurs pour madame et une bouteille de vodka ou de Cognac (c'est beaucoup mieux surtout si l'on est français) pour Monsieur. Les politesses d'usage accomplies, on passe à table. En Russie on ne prend pas l'apéritif. Généralement tout est déjà joliment présenté sur la table, excepté le plat chaud.

La table est copieusement garnie, des « *zakouskis* » (sorte de feuilletés fourrés à la viande), des blinis garnis de caviar noir, d'autres de caviar rouge, des œufs mimosas, toute une gamme de poissons fumés (esturgeon, flétan, saumon, truite, brochet), des pattes de crabes géants de la Baltique, des légumes frais, du persil, du chou en salade, des oignons et les incontournables « *agourits* » (gros cornichons). Ensuite les charcuteries : tranches de « *salas* » (tranches de lard fumées), du « *colbassa* » (saucisson), cervelas, et du porc fumé.

Pendant le repas on ne boit pas de vin sauf dans les milieux très aisés ou si l'invité a amené une bouteille. La boisson d'accompagnement du repas c'est la vodka. Il y a bien quelques bouteilles d'eau et quelques canettes de bière pour se désaltérer, mais la boisson traditionnelle reste la vodka.

Le rituel est immuable : le premier toast est pour la maîtresse de maison, on se lève et on prononce un petit discours élogieux, puis on vide son verre « *cul sec* ». C'est seulement après que les autres convives pourront boire sans être obligé de finir leur verre (mais ce n'est généralement pas le cas pour les convives russes). Ensuite nous mangeons, chacun se sert dans l'ordre qui lui plaît. Après quelques minutes, il est de bon ton que l'invité, s'il ne l'a pas déjà fait (1er toast) prononce à son tour un discours. Il en sera de même tout au long du repas, chacun se doit de prononcer son toast à son tour.

Il y a deux difficultés à surmonter lors d'une invitation : la tenue à l'alcool et l'imagination pour prononcer plusieurs toasts afin qu'ils soient originaux. Les Russes sont très attentifs à la qualité des toasts et une partie du jugement que l'on peut porter à votre égard est fondé sur cette habileté intellectuelle à prononcer des toasts élogieux et à faire rire les convives.

Les desserts sont plus « *tape-à-l'œil* » que bons, ce sont souvent d'énormes gâteaux meringués quelquefois glacés ou remplis de crème au beurre, le tout abondamment recouvert de chantilly industrielle.

La fin du repas s'achève en chansons, car les Russes adorent chanter et jouer de la musique. Lorsque tout le monde est plus ou moins enivré, il est temps de rentrer chez soi à pied, bras dessus bras dessous. Les hommes seuls, peuvent compter sur le soutien d'un ami, le soutien est souvent réciproque.

## V
## GENDARMES ET FSB

**Les gendarmes**

Lorsque le sentiment d'impunité côtoie celui de l'inconscience, cela permet de vivre des situations peu banales qui illustrent d'autres pans de la société russe, notamment la gendarmerie.

Je suis à Voronej, une grande ville, très loin de Moscou. Il pleut, j'ai déposé des amis au centre-ville et je me dirige vers la banlieue à la recherche d'une station essence. Je suis dans l'agglomération d'un point de vue administratif, mais en fait dans une zone inhabitée à la lisière d'une forêt. Je viens de dépasser un groupe de gendarmes sur ma gauche quand un coup de sifflet m'oblige à regarder dans le rétroviseur. Au travers du rideau de pluie, j'aperçois l'agent qui me fait de grands gestes m'indiquant de le rejoindre. Je m'arrête sur le côté droit de la route et attends qu'il se déplace vers moi, n'ayant pas l'intention d'aller vers lui sous la pluie.

C'est ici que commence l'inconscience. En France et dans de nombreux pays, lorsque les gendarmes vous arrêtent pour un contrôle, ils se déplacent jusqu'à votre véhicule, vous font un salut, vous abaissez votre vitre et un dialogue s'installe. En Russie, et j'en suis parfaitement conscient, c'est l'automobiliste arrêté qui doit aller vers les gendarmes avec ses papiers. Ce jour-là, peut-être à cause de la pluie, aussi parce que résidant en Russie depuis plusieurs mois, avec un visa professionnel, mais plus certainement parce que ce jour-là, sans aucune raison, me vient l'envie d'être rebelle, je décide de rester à l'abri dans mon véhicule. Je suis en règle, j'ai les papiers du véhicule et mon permis de conduire international. Dans le rétroviseur j'observe le gendarme qui s'énerve avec de grands gestes voyant que je ne viens pas vers lui. Cela dure quelques minutes, il pleut toujours, quand en désespoir de cause, il vient vers la voiture. Lorsqu'il arrive à hauteur de la portière il l'ouvre violemment et d'une main ferme me prend par le col m'obligeant à sortir du véhicule. Il aboie quelque chose en Russe, je réponds en anglais, et dit que je ne comprends pas.

Après avoir pris les documents que je lui tends, il me

pousse en direction de ses collègues à une centaine de mètres de là. En chemin, il me demande (en anglais approximatif) si je parle russe ou anglais. Je répondis que je parle anglais en omettant de lui dire que je comprends et parle un peu le russe.

Comme il me dit comprendre l'anglais, dans un esprit d'apaisement j'entreprends de lui expliquer que je suis Français, que je suis à la recherche d'une station d'essence, et que je m'excuse de ne pas comprendre le russe. Avant que nous ayons rejoint ses collègues, je constate à son air ahuri qu'il n'a rien compris, juste peut être que je suis Français. Arrivé au carrefour, il dit à ses collègues que je suis étranger et autre chose que je ne comprends pas. Il me montre une sorte de tube avec une poignée révolver, je comprends que c'est un radar de contrôle de vitesse, et que j'ai sûrement dépassé la limite autorisée.

L'un des gendarmes, le chef apparemment, lui dit « *demande-lui s'il a de l'argent* ». Il me demande en Russe si j'ai des Roubles. Je comprends parfaitement la demande, mais fais mine de ne rien comprendre (logique puisque je ne parle pas russe !). Alors, il illustre son propos en simulant avec l'index et le pousse le fait d'avoir de l'argent. Je comprends parfaitement le message, sors mon portefeuille et le lui donne. Il l'ouvre, fouille à l'intérieur et ne trouve rien. Désappointé, il dit à son chef « *il n'a pas d'argent, c'est un Français* ». L'autre lui répond avec lassitude « *alors laisse-le partir* ». Il me rend mon portefeuille avec rage et me fait signe de regagner ma voiture. Je salue poliment la compagnie et retourne vers la Zastava. C'est une fois assis que je prends (enfin) conscience de la gravité de la situation. Je n'ai pas de passeport. En effet quelques semaines plus tôt j'avais envoyé mon passeport à l'ambassade d'Ouzbékistan en vue d'obtenir un visa touristique pour un voyage le mois suivant.

Je vis dans un pays où l'étranger est suspecté d'être un espion et un moment d'inconscience vient de me faire défier les forces de l'ordre sans aucun document d'identité mise à part le permis de conduire international. Rétrospectivement j'ai eu très peur. Heureusement, obnubilé par l'argent, aucun des gendarmes n'a eu l'idée de me demander mon passeport. Ce jour-là ma bonne étoile a brillé très fort.

L'émotion passée, je comprends la raison de mon interpellation, j'avais dépassé la vitesse en agglomération, sans qu'aucun panneau puisse me renseigner, et bien entendu, tout l'objet de l'infraction n'était pas la sécurité, mais le racket pour recueillir quelques centaines de Roubles afin d'arrondir les fins de mois de ces pauvres gendarmes, très peu rémunérés.

### Le FSB

Le FSB a remplacé le KGB qui lui-même avait remplacé le NKVD plus connu sous le nom de Tcheka Guépéou. Si les initiales changent, les méthodes ont peu évolué, on surveille toujours le bon peuple au cas où il serait mécontent et aurait en tête de refaire une révolution.

La Loubianka tristement célèbre s'élève toujours, imposante, place de la Loubianka à Moscou. Selon la légende il y aurait autant de sous-sols que d'étages. Il y a 8 étages. Il se dit aussi que les Russes ne regardent jamais l'édifice en face. Est-ce une légende ? Ce qui n'est pas une légende, c'est la crainte d'être écouté et surveillé, même bien après la chute de l'URSS.

Un jour je reçois un ami russe dans ma chambre d'hôtel, au cours d'une conversation je prononce le mot « *micro* » et « *écoute* » il y a un moment de panique de la part de mon interlocuteur, il me fait un signe désespéré avec son doigt sur la bouche pour me faire taire. J'éclate de rire en lui disant qu'il n'y a pas de micros dans ma chambre, ce qui augmente sa frayeur. Pour l'en convaincre, je prends un objet métallique que je frotte sur le radiateur, puis je heurte le lustre du plafond, donne des coups dans les murs et pour finir j'annonce haut et fort que si quelqu'un nous écoute, avec le raffut que je viens de faire il doit maintenant être sourd. Mon interlocuteur reste bouche bée, admiratif devant tant d'audace, mais aussi rassuré par mon attitude décontractée, il me dit que je dois avoir raison.

Filmer un marché dans de nombreux pays est quelque chose de banal, le marché est un endroit où les touristes aiment rencontrer la population locale. Le marché est révélateur des us et coutumes, c'est aussi la vitrine des produits locaux. Est-ce parce que la Russie est un pays qui a quelque chose à cacher que l'on se fait interpeller par le FSB si l'on a une caméra à la main ? Le jour de marché est le samedi matin. L'énorme halle qui abrite les commerces est bondée. J'ai du mal à avancer dans les allées filmant des étals de viande, de fruits, de fleurs. Le boucher est intéressant, il débite des quartiers entiers de bœuf à grands coups de hache. Le marchand de miel a fait un joli montage avec ses pots de plusieurs couleurs. La marchande de fleur une petite vieille (babouchka) disparaît derrière les bouquets multicolores. L'atmosphère bruyante et les clameurs en font un lieu très vivant. Soudain une main se pose sur mon épaule. Je me retourne et me trouve nez à nez avec un petit document recouvert de cuir rouge ressemblant à carte de police. Derrière ce document, un bras tendu et un homme en complet veston, de taille moyenne me regarde fixement me faisant signe de le suivre. Instantanément je m'imagine dans un film policier tellement l'homme est une caricature de flic.

Nous fendons la foule pour rejoindre un petit bureau dans un coin du marché. Là, dans un anglais approximatif il me demande mon passeport et ma caméra. Il me demande si je travaille en Russie et ce que j'y fais. Il aurait lu attentivement mon visa il aurait été renseigné sur la raison de ma présence dans son pays, mais visiblement sa préoccupation est ailleurs. Il me demande alors de lui donner le film de la caméra qu'il tient en mains. Il demande également si j'ai d'autres films dans mes poches. Je garde mon calme convaincu que je suis dans mon droit et tente d'expliquer que je souhaite garder un souvenir de mon séjour en Russie. Pour le convaincre que je ne détiens pas de secrets d'État, je propose qu'il visionne le film. Dans un premier temps il n'est pas d'accord et veut absolument avoir la cassette. Je réexplique que je n'ai pas que des prises de vues du marché, mais aussi des prises avec mes amis russes et que je ne tiens pas à perdre ces images. Le temps passe, un dialogue de sourds s'installe et la difficulté de la langue ne facilite pas l'avancée des négociations. Soudain il part laissant la caméra sur son bureau. J'ai alors une envie folle de remplacer le film par une cassette vierge que j'ai dans mon sac, mais la raison et la prudence l'emportent, je risque d'envenimer les choses. Quelques instants plus tard, il revient accompagné d'une personne qu'il me présente comme traducteur. Il s'agit en fait d'une personne qui parle mieux l'anglais que lui. J'explique à nouveau, et la personne traduit simultanément. Alors le ton change, il n'est plus question de prendre le film, mais juste de visionner quelques minutes. À la fin du visionnage, il me remet la caméra. S'ensuit une longue leçon de morale sur le droit à l'image des personnes du marché, puis pour finir, il m'explique la raison de son intervention.

— En France, le marché est plus beau et plus propre qu'en Russie, et vous allez donner une mauvaise image du pays, nous sommes conscients que nous devons nous moderniser, mais il faut nous laisser du temps. Je le rassure en lui disant que ce que je filme restera dans le domaine familial, et qu'en cherchant bien en France je peux trouver dans des petites villes de province des endroits semblables. Je remercie ce Monsieur pour sa bienveillance ainsi que le pseudo-traducteur et quitte le marché sans plus attendre.

Ce Monsieur était visiblement du FSB en surveillance du marché. Surveillance de quoi ? Ce ne sont pas les touristes qui affluent dans cette région et font l'objet d'une surveillance, c'est un coin perdu en pleine Russie, à 600 km de la capitale. Alors, pourquoi surveiller de paisibles marchands, des agriculteurs, des maraîchers et des familles qui s'approvisionnent un samedi matin ordinaire ? Je n'ai pas la réponse. Mais cela montre que le soupçon et la méfiance ont imprégné cette société. Malgré les changements de régime, les vieilles habitudes et les structures de la suspicion perdurent.

## VI

### SOTCHI

Tous les dirigeants de l'URSS et de la Russie y sont allés en villégiature. C'est une petite ville au bord de la mer noire, adossée au massif montagneux des Balkans. Cette ville est sortie de l'anonymat grâce aux JO d'hivers imposés par Monsieur Poutine. Elle est sortie de l'anonymat, mais aussi de la décrépitude. Car dans les années 1990, non seulement personne ne s'intéresse à cette ville, mais plus personne ne semble y venir respirer le bon air de la mer et profiter du soleil du sud des Balkans. On y arrive par avion. L'aéroport est minuscule, seuls des vols domestiques s'y posent, les infrastructures sont plus que modestes. Certaines structures traduisent les fastes d'antan comme dans le reste de la ville.

Il est bien loin le temps où Joseph Staline venait y boire son vin favori, séjourner dans de beaux édifices en pierre entourés de jardins luxuriants où poussent des palmiers, des lauriers roses et bien d'autres arbustes qui ne craignent pas les froideurs du climat. En effet sous l'influence de la latitude et de la mer, il y gèle très rarement. Le climat paraît incompatible pour y organiser les JO d'hiver, mais Monsieur Poutine en avait décidé ainsi. Pari réussi avec de la neige qui a été importée et plusieurs centaines de millions puisés on ne sait d'où, un scandale !!!

Le bord de mer ressemble un peu à Nice en plus petit. Une promenade pédestre longe la plage de galets en contrebas du front de mer. Nous sommes au mois de mai et l'atmosphère est plutôt agréable, beaucoup de promeneurs flânent sous le soleil. Il n'est pas rare de croiser des messieurs âgés dont la poitrine étincelle d'innombrables médailles et décorations épinglées à leur veste, on est le 9 mai jours de la capitulation allemande pour les Russes. Les plus jeunes les regardent avec respect. De loin en loin des attroupements attirent mon attention. Au milieu de personnes rassemblées en cercles se trouvent de grandes tables peintes en damier sur lesquelles on joue aux échecs. Les pièces en bois sont énormes, une bonne dizaine de centimètres. Les coups sont joués assez rapidement, et après quelques mouvements de pièces, de manière très furtive des billets changent de main. Cette pratique est-elle légale ?

La plage en gros galets ne fait pas recette, quelques

personnes sont assises au soleil, mais nul ne se baigne, aucun maillot de bain en vue, il ne fait pas assez chaud. Plus haut sur le front de mer, on aperçoit les vestiges d'un riche passé. Des immeubles cossus laissés à l'abandon, les jardins envahis par les ronces et les mauvaises herbes, les clôtures de fer sont rouillées, les portails disloqués. Quelques-uns sauvent les apparences, un semblant de vie les maintient en état. Dans le centre-ville, les avenues sont poussiéreuses et l'herbe envahi les contres allées.

Le centre est arboré, la place du marché est agréable, cela sent « *le sud* ». Beaucoup de commerces et de cabanons proposent toutes sortes de choses, les bars et restaurants sont nombreux, les rues animées. On est au mois de mai !!! Les gens sont dehors.

Ce tableau est plutôt plaisant, mais l'hôtel me réserve une étonnante surprise. Bien entendu j'ai le choix dans les hôtels, ceux où l'on paye en dollars et ceux qui prennent les Roubles. Je sais que ces derniers sont des établissements typiquement soviétiques, d'ailleurs leur façade austère lève toute ambiguïté. Ce n'est pas par manque de moyen que je choisis celui-là, mais pour rester dans l'ambiance un peu désuète du lieu.

Dès la porte battante passée, je découvre un

gigantesque hall sombre et désert. Une Babouchka, derrière son comptoir, lit des magazines people. À l'apparition d'un étranger, elle laisse tomber avec empressement sa revue et me demande si je veux une chambre, ou une suite. Une suite !!!! Je n'en ai nul besoin. Je prends donc une chambre simple et me renseigne sur le petit-déjeuner du lendemain. Après un instant de gêne, elle me dit qu'il n'y a pas de petit-déjeuner servi le matin.

— Combien de nuits restez-vous ?

— Deux seulement.

Après une addition rapide sur un document jauni, mais tamponné, je crois m'évanouir en voyant la somme due : l'équivalent de 10 francs. Ce prix plus que modeste aurait dû attirer mon attention, mais cela n'affaiblit pas ma détermination à dormir « *local* ». Je prends la clé, puis l'ascenseur me dépose au troisième étage. Les tapis sur le sol sont quelque peu élimés et l'ensemble sent le moisi. Ce qui suit n'est pas une affabulation.

Dès la porte de la chambre ouverte, je vois les murs entièrement marron devenir de la couleur blanchâtre de la tapisserie. Des millions de blattes venaient d'être dérangées dans leur sommeil et, prestement, avaient trouvé refuge entre la tapisserie et le mur.

J'ai le souffle coupé devant une telle scène. Reprenant mes esprits, j'ouvre la porte de la salle de bains pas un cafard, mais l'odeur de moisi est très forte. L'endroit bien que « *propre* » est aux antipodes d'un standard occidental. Le réduit qui tient lieu de salle de bains avec une douche et un lavabo ne donne pas envie d'y passer trop de temps. Revenons à la chambre. Comment dormir avec la compagnie cachée derrière la tapisserie qui va revenir pour finir sa nuit, et pourquoi pas faire une balade sur ma noble personne dès la lumière éteinte ? Dormir dans le couloir ? Impossible. Changer d'hôtel ? À une heure pareille pas facile. Se plaindre à la réception ? Peine perdue, j'aurais certainement une chambre identique. Alors à quoi bon. Il me faut trouver une stratégie "anti blattes" pour essayer de dormir. Connaissant un peu les habitudes ces cafards pour en avoir déjà côtoyé dans d'autres lieux, je me dis qu'en mettant le lit au milieu de la pièce et en dormant la lumière allumée je minimise la possibilité d'une visite pendant mon sommeil que j'entrevois très léger.

C'est ainsi que je m'endors. Dans la demi-conscience du sommeil, j'ai l'impression que quelques visiteurs parcourent l'un de mes bras. Le lendemain matin je ne vois pas un insecte, seulement quelques étourdis qui sont surpris par mon entrée dans la salle de bains.

La nuit suivante je suis dans un hôtel américain dans lequel le prix en dollars garantit un certain confort.

Je rencontrerai encore des blattes, à Moscou à l'hôtel *Intourist*, puis au *Rossia*, tous des établissements d'état. Dans ces deux derniers, une légende urbaine disait que dès la nuit tombée il y avait dans l'hôtel autant de prostituées que de cafards.

## VII
## L'ALCOOL

Dans presque tous les pays, on boit de l'alcool. En Russie c'est quasiment une religion. Le taux de mortalité dû à l'alcool est un des plus élevé au monde. La vodka est la boisson nationale. Gorbatchev en voulant en limiter l'usage a perdu ses réformes et sa place. En revanche Eltsine en faisant la promotion du produit a gardé sa place, mais perdu la vie. J'ai déjà évoqué les repas chez les amis, les bouges, il faut y ajouter la distribution de la bière dans les petites villes et les villages à l'aide de petites citernes tractées par des motos ou des voitures. La citerne s'arrête sur une place, et les gens font provision du précieux liquide en grande quantité dans tout ce qui peut contenir du liquide. Les magasins, souvent démunis de l'essentiel regorgent de bouteilles de vodka, il y a des centaines de variétés et des centaines de formes de bouteilles. La qualité est à peu près égale, seul un fin connaisseur pourrait faire un classement gustatif du produit. Le prix est des plus abordables, une bouteille d'un litre et demi d'eau minérale est souvent plus cher qu'une petite bouteille de vodka.

Il existe aussi un autre produit encore plus destructeur pour la santé, le « *samagon* » (*fait soi-même*) une sorte d'alcool à 90° dont la production artisanale et la commercialisation se font sous le manteau. Cet alcool encore moins cher que la vodka fait d'énormes ravages chez les plus démunis. Au cours de promenades en ville il n'est pas rare de rencontrer dans un jardin public des hommes ivres morts allongés dans l'herbe avec à leur côté une ou plusieurs bouteilles vides. Le plus dramatique c'est l'hiver, car ils s'endorment dans des massifs, ou dans une contre-allée. Avec des températures très en dessous de zéro, ils meurent congelés pendant leur sommeil éthylique. Ils sont alors retrouvés raidis par la mort et le froid au petit matin.

Lors d'une soirée dans un bar chic et branché de Moscou j'assiste à un concours d'une effrayante stupidité. Des consommateurs s'installent sur des tabourets devant un comptoir circulaire, au centre se tient le barman. Suspendues autour du comptoir il y a toutes sortes de bouteilles éclairées par d'astucieux néons et spots de couleurs chatoyantes. Jusque-là rien d'anormal il existe des milliers d'endroits semblables. Ce soir-là, un côté du comptoir est occupé par un groupe de jeunes hommes, la trentaine, habillés de manières décontractées mais chics. Devant eux des coupes à champagne remplies d'un mélange d'alcool, visiblement vodka et curaçao, vu la couleur bleue du breuvage. C'est alors que le barman distribue des pailles et enflamme chacune des coupes avec un petit chalumeau. Une belle flamme bleutée s'élève des coupes. À un signal du barman, les buveurs se mettent à aspirer d'un trait le contenu de la coupe jusqu'à ce que la flamme passe dans la paille à la dernière goutte de liquide. Le premier ayant terminé est déclaré gagnant. Rires, clameurs et applaudissement s'ensuivent. Le jeu se reproduit jusqu'à ce qu'il n'y ait plus de joueurs en état de poursuivre. Le dernier à tenir à peu près debout est proclamé champion.

# VIII
## LA RELIGION

L'arrivée des Bolcheviques au pouvoir, associé au dogme communiste, a tenté de supprimer le religieux du paysage soviétique.

La religion avait (comme en France autrefois) le monopole des âmes et des liens étroits avec les institutions gouvernementales. Le régime ayant changé de mains, tout ce qui touchait de près ou de loin à l'Orthodoxie fut banni. Les prêtres exécutés ou exilés dans des camps, et les églises pour la plupart détruites. Il reste encore dans les campagnes, quelques vieilles églises en bois qui ont échappé au saccage et bien que ce fût interdit, la religion a toujours été pratiquée discrètement et clandestinement par les plus fervents. À Moscou la vieille cathédrale du Christ sauveur fut détruite par Staline. En lieu et place, on construisit en 1958 une piscine à ciel ouvert, ce devait être la plus grande au monde. Lorsque je suis arrivé à Moscou début 1991, cet ensemble sportif était une ruine. Les bassins étaient remplis de ronces et de nénuphars. Le pourtour était un terrain vague, une verrue en plein centre-ville.

Le passage de l'URSS à la Russie a changé bien des choses. Ainsi ce qui était interdit retrouvait une place plus importante encore dans la société et dans la sphère politique. C'est ainsi que le religieux est réapparu, n'ayant rien perdu de sa vigueur. La piscine olympique a été comblée, la cathédrale du Christ sauveur a été reconstruite à sa place originelle, blanche avec ses clochers recouverts de feuilles d'or. Boris Eltsine l'inaugura en grande pompe, elle est maintenant un incontournable dans les visites guidées de Moscou.

Aujourd'hui, la religion a retrouvé pleinement sa place dans un état à nouveau axé sur la répression, mais qui a l'intelligence de ne pas exclure l'église de l'exercice pseudo-démocratique du pouvoir. On peut raisonnablement se demander pourquoi ce revirement vis-à-vis du religieux ? L'explication que je retiendrai est celle de l'appui populaire, voire populiste nécessaire au pouvoir pour élargir son champ électoral.

Spinoza a écrit : « *c'est le vouloir du détenteur de l'autorité politique qui détermine l'accord de toute ferveur religieuse sincère avec l'intérêt public* ». Dit simplement, nous permettons l'exercice du culte, mais nous pourrions changer d'avis si nous n'avions pas votre soutien électoral. Ainsi, les plus hauts représentants du culte font depuis l'arrivée de Monsieur poutine allégeance au pouvoir.

# IX
## LE MÉTRO

« *Le palais du peuple* », c'est ainsi que l'on nomma dans l'ancienne URSS des années trente le Métropolitain de Moscou. Staline fit construire le métro et il se devait d'être beau, car le peuple allait y passer quotidiennement et il fallait donner aux étrangers de passage une très bonne image de la capitale de l'empire soviétique. En effet, peu de capitales peuvent s'enorgueillir d'avoir un monument historique aussi important sous terre.

Venir à Moscou, c'est voir la place rouge, le Kremlin et visiter le métro. C'est un des plus profonds au monde, 40 m. On peut encore y voir les immenses portes blindées qui pouvaient se refermer en cas d'attaque atomique durant la guerre froide. Pendant la Deuxième Guerre mondiale, la population pouvait y trouver refuge en cas de bombardements. Le métro est un anneau qui ceinture la ville, des lignes transversales viennent s'y connecter, l'ensemble forme une sorte de toile d'araignée. Peu d'escaliers traditionnels accèdent aux stations, cela est dû à leur profondeur. La descente vers les rames se fait par des escalators très pentus dont les marches sont en lames de bois vernis. La pente est impressionnante, ainsi pour des raisons de sécurité, une guérite au bas de l'escalier mécanique abrite une babouchka (grand-mère) qui veille et peut arrêter la machine en cas de chute.

Arrivé en bas des escalators, le spectacle est grandiose. Les salles sont immenses, les plafonds voûtés et décorés de dorures et de reliefs représentant toutes sortes de scènes on a, comme le voulait Staline, l'impression de se trouver dans un palais.

Ce qui est remarquable, c'est la richesse du marbre et des lustres, une décoration fastueuse, des médaillons et des mosaïques, des colonnades et surtout des sculptures, notamment à la station « *révoliutsi* » ou 76 statues de bronze illustrent les grandes étapes de la révolution. Elles mettent en exergue le bel idéal communiste. Tous les métiers de la paysannerie et de l'industrie sont représentés y compris les métiers d'arme, marine, aviation et armée de terre. Sur les 165 stations, 15 sont classées monument historique.

Le métro est souvent bondé, et l'accès aux stations laborieux. Cela est dû aux incontournables escalators qui ralentissent le flux des usagers. Certains prétendent sans aucune preuve qu'il existerait un petit réseau encore plus profond qui assurerait une liaison entre le Kremlin, la Loubianka, l'aéroport, le ministère de la Défense et des centres stratégiques militaires. Cela reste à prouver. Le comportement des Moscovites ressemble à celui des Parisiens, ils marchent vite, bousculent et s'entassent dans les wagons. Dans les situations semblables, tous les humains malheureusement se ressemblent. Une autre particularité, ce sont les indications dans les stations. Tout est écrit en caractères cyrilliques. Sans la connaissance de cet alphabet, il est impossible de se diriger.

# X
## LE MONDE INDUSTRIEL

S'intégrer dans un milieu professionnel en France n'est pas toujours facile. L'a priori, les jugements hâtifs et sommaires, les apparences et bien d'autres éléments font que l'on est observé voire jugé lorsque l'on arrive en entreprise. À l'étranger, en Russie notamment, s'ajoute à cette liste la crainte d'ingérence, de suspicion et parfois de mépris. La Russie n'est pas un pays en voie de développement, alors que vient chercher un étranger dans une entreprise de l'ex Union soviétique ? C'est la première pensée qui vient à l'esprit des Russes lorsque l'on entre en contact avec eux.

Les Soviétiques ont accompli de grandes choses dans le domaine spatial, aéronautique, nucléaire et dans différentes recherches fondamentales. Leurs chercheurs sont performants, leurs mathématiciens brillants et pourtant quelque chose ne va pas. Après la chute du mur de Berlin et l'arrivée de la Perestroïka, la Russie s'est découverte technologiquement dépassée, et le tissu industriel défaillant. Les belles théories développées dans les universités, les centres de recherche et les labos ont du mal à être concrétisées.

Léon Trotski disait : » *La réalité ne pardonne aucune erreur à la théorie ».* Les théories aussi clairvoyantes fussent-elles n'ont pas empêché le choc entre théorie et réalité. Les Russes ont une démarche intellectuelle complexe. Il est préférable de présenter les choses de manière compliquée, car ce qui est trop simple dévalorise l'orateur. Alors la vulgarisation n'a pas la côte en Russie. Il faut paraître instruit, pour cela on phrase, on démontre, on entre dans des détails et des calculs qui n'apportent rien, sauf à complexifier le discours. Un étranger qui entre dans ce monde, est très vite jugé comme étant incompétent ou trop curieux. Une rumeur courrait à l'époque : les étrangers venant en Russie pour apporter un peu de leur expérience étaient en fait des incompétents que l'on envoyait à l'étranger pour s'en débarrasser. C'est ce que pratiquaient les Russes à l'époque. Dans ce contexte, difficile de faire sa place et d'acquérir la confiance.

La phase de réalisation est un des points faibles du système industriel, il y a comme une cassure entre la théorie et la pratique. Bien malin celui qui analysera le pourquoi du comment. Culture, enseignement, structure sociale, formation professionnelle, habitudes de vie, management, isolement scientifique et professionnel… Certainement un peu de tout cela. Lorsque l'URSS a implosé, les échanges ont permis de se rendre vraiment compte des évolutions des deux mondes. Il y avait le monde clos de l'Union soviétique et le reste du monde occidental. Les Russes ont vite pris conscience des écarts technologiques et compris qu'il fallait rattraper le retard. C'est ainsi que des conseillers, des experts, sont arrivés dans les entreprises russes. Si le besoin d'évoluer, de moderniser, de comprendre ce qui se fait hors de la Russie est assez bien acquis dans les sphères dirigeantes de l'époque, il n'en va pas de même lorsque l'on rencontre ceux qui doivent être les acteurs du changement.

On s'en étonne, mais avec un peu de recul c'est socialement compréhensible et humain. Des personnes qui sont dans la certitude absolue d'être parmi les meilleurs, notamment s'ils ont franchi la quarantaine, se retrouvent devant des étrangers qui leur expliquent, certes avec beaucoup de diplomatie que ce qu'ils accomplissent depuis des décennies est au mieux perfectible et au pire obsolète. Comment expliquer avec diplomatie et courtoisie que le monde a changé ? Il s'établit dans un premier temps un jeu de dupes. Les Russes se plient à vos désirs, ils disent ce que vous voulez entendre. Dès lors, le mensonge et la dissimulation sont omniprésents et l'Occidental tente de faire passer ses idées sans contredire vraiment son partenaire. Le résultat est catastrophique, car en fait la stratégie russe est de brouiller les pistes pour ne pas changer. Car même s'ils sont intimement convaincus que c'est nécessaire, ils savent aussi que cela va impliquer pour eux un changement de mode de travail et surtout un surcroît d'activité sans aucune plus-value financière. Il faut pour réussir une mission d'expert de la patience, de la diplomatie, faire la démonstration par l'exemple, être convaincant et parfois instiller un peu d'humeur pour que le climat de confiance évolue. Une fois les fils de la confiance tissés et l'arsenal des ruses épuisé et remplacé par la curiosité et l'envie d'avancer, on peut enfin, construire ensemble. Alors, une amitié professionnelle et souvent personnelle se noue. Autant il a été difficile d'entrer dans le cercle professionnel et familial, autant il est difficile et cruel d'en sortir. Les Russes sont de gens étonnants, et attachants, mais difficiles à comprendre. Est-ce l'âme russe qui se dissimule ainsi aux yeux de l'étranger ?

Il ne faut cependant jamais oublier que le mensonge, la désinformation, et la dissimulation ont été et seront toujours un des leviers de commande des dirigeants.

# XI
## LA CONDITION FÉMININE

Babouchka (grand-mère) et Diévouchka (jeune fille). Deux jolis mots qui font une belle introduction pour parler de la condition féminine dans l'ex Union soviétique. Comment parler de la position et de la condition des femmes dans cette société en cours de mutation ?

Sous l'ancien régime, les Babouchka (elles étaient jeunes à l'époque) étaient l'égale de l'homme que ce soit dans les champs, dans les usines et à la guerre. Il n'y a pas de pays au monde où les femmes se sont autant engagées et ont combattu au côté des hommes dans le dernier conflit mondial[2].

Pas étonnant, après tant de sacrifices et d'illusions perdues, qu'elles aient l'air triste et revêche. Que l'on aille dans un musée, un magasin, dans le métro, dans les restaurants où tout simplement dans la rue, on va

---

[2] la guerre n'a pas un visage de femme de Svetlana Alexievitch. Prix Nobel de litérature 2015

rencontrer une « *Babouchka* ». Dans les musées elles sont surveillantes de salles, assises sur une chaise, elles scrutent avec vigilance le moindre écart au règlement et donnent de la voix si nécessaire. Dans les magasins, elles sont employées à des tâches subalternes de nettoyage. Dans les restaurants, elles font la plonge et/ou le ménage. Dans le métro elles veillent au pied des grands escaliers roulants. Dans la rue on les rencontre voûtées, la démarche lente, les bras chargés de sacs plastiques remplis de provisions. Parfois elles balayent les trottoirs et les caniveaux avec de vieux balais et une pelle. Une autre fonction surprenante leur est dévolue dans certaines petites villes de province : faire expulser les ivrognes dans les bars ou les restaurants. Ce ne sont pas des « *videurs* » au sans physique, bien que souvent imposantes, mais elles donnent de la voix et du geste, et sont respectées, s'il le faut, elles utilisent un accessoire dissuasif, un manche à balai. Il faut dire que les hommes ivres sont souvent plus en état de nuire par la force. Dans les familles, même si elles ne vivent pas sous le même toit, elles sont très présentes et respectées dans la cellule familiale.

Pour les Diévouchkas, les temps ont bien changé. Il n'y a plus de guerre, le communisme est passé de mode, le pays s'est ouvert sur le monde et le libéralisme pointe à l'horizon.

Il reste les vieilles traditions et le sentiment de frustration. La télévision et les films de l'Europe de l'Ouest et du monde occidental sont disponibles en vidéo. De plus en plus les vêtements à la mode occidentale arrivent jusque dans les campagnes, alors la jeunesse partagée entre l'Ancien Monde et le nouveau, beaucoup plus permissif, rêve. La nouvelle génération de parents est plus tolérante, les jeunes filles et les jeunes femmes osent ce que leurs grands-mères ne pouvaient même pas imaginer. Elles sortent, s'habillent et se maquillent de manière ostentatoire. Très vite elles rencontrent un jeune homme qui sera l'amour de leur vie. Très vite ils auront un enfant. Très vite elles deviennent mères célibataires. La chute est brutale, pour quelle(s) raison(s) ? Le jeune mari détourne les yeux vers une autre, plus belle, plus « sexy », plus intelligente ? Moins stricte sur la boisson ? Ou bien il fait comme beaucoup, il boit, de plus en plus, il rentre ivre à la maison. Alors le divorce est au bout de l'histoire d'amour. Cette propension au divorce est grandement facilitée par la loi. En effet les procédures de divorce sont extrêmement simples et rapides. Après quelques confrontations devant un représentant de la loi et quelques coups de tampon sur le passeport, le divorce est prononcé. Le passeport n'est pas un passeport tel que nous le connaissons, c'est plutôt une carte d'identité sur laquelle est mentionnée la situation de famille. Ce document ne permet pas de sortir du pays.

Les Diévouchka ou jeunes femmes devront élever seule leur enfant avec l'aide de la famille si elle est proche, et trouver du travail. Mais la situation économique a bien changé. Ces situations précaires sont assez nouvelles, car l'état providence a de plus en plus tendance à disparaître. Du temps des communistes on aurait trouvé un emploi fictif à une jeune mère, la communauté serait intervenue, mais ce temps est révolu. Alors c'est la course à n'importe quel emploi, et parfois, pour celles qui parlent une langue étrangère, et qui ont quelque moyen financier, la recherche sur les annonces de journaux d'un homme célibataire occidental. Malheureusement, quelquefois il ne reste que la prostitution pour survivre.

Cette situation pour les jeunes femmes russes n'est, bien entendu pas une règle, nos sociétés occidentales connaissent les mêmes aléas du mariage, mais ces scénarii sont tellement communs en Russie qu'un œil extérieur les remarque aisément.

## XII

### AUTODÉRISION

L'interprète est la personne clé pour travailler en Russie. En effet, dans les entreprises, peu de monde parle anglais ou bien pas suffisamment bien pour des relations professionnelles. Si l'interprète est compétent, il traduira quasiment en simultané. C'est un grand confort de pouvoir dialoguer avec rapidité, et efficacité. On en oublierait presque la personne qui traduit.

Il y a le temps de travail, puis les extras. Ce sont les dîners de « *travail* ». En effet ces dîners sont assez fréquents dans les relations professionnelles, qui deviennent au fil du temps amicales. Alors après les discours utiles et sérieux, viennent les innombrables toasts. Tout le monde est gai y compris le traducteur, qui doit malgré la fête, continuer son travail. Travail d'autant plus difficile que les Russes ont la fâcheuse habitude de faire des discours-fleuves dont on ne comprend plus, au bout de quelques minutes les tenants et les aboutissants, surtout sous l'emprise de la vodka. Alors le traducteur fait ce qu'il peut, laissant dans l'ombre des pans entiers de phrases dont il sait pertinemment, que ça n'intéresse personne. Le narrateur perdu lui aussi dans sa logorrhée, ne s'en aperçoit pas. Seule la fatigue viendra à bout de ces monologues.

Cette propension à prononcer des discours sans fin est assez caractéristique des Russes. On a à l'esprit les discours lénifiants au soviet suprême où le narrateur endort l'assemblée qui n'ose manifester le moindre signe d'agacement ou d'impatience. L'assemblée attend sagement le moment pour applaudir chaleureusement. Un de mes amis russes me raconte un jour l'anecdote suivante : le camarade Brejnev est à la tribune, et commente devant un parterre amorphe, la conquête de la lune par les Américains. Il dit « *les Américains sont allés sur la lune. Eh bien nous camarades, nous ferons beaucoup mieux, nous irons sur le soleil* ». Au bout de quelques minutes d'applaudissements, une main timide se lève et dit :

— « *Mais, camarade, sur le soleil il fait trop chaud ?* ».

— « *Eh bien nous irons la nuit* « répondit Brejnev.

Bien entendu Brejnev n'a jamais dit ça, mais voilà qui

en dit long sur l'opinion des Russes à l'encontre de l'ancien régime et sur leur faculté à utiliser l'auto dérision comme thérapie.

Deuxième anecdote : Un industriel russe fabrique du chocolat. Il part au Japon pour un congrès. Le soir au dîner, il discute autour d'un verre avec un industriel japonais qui fabrique lui aussi du chocolat. Ils échangent sur les quantités produites qui sont comparables. Le Russe demande soudain au Japonais :

— Combien avez-vous d'employés ?

— J'ai dix employés, et vous ?

Le Russe blêmit, il a cent cinquante employés pour la même production. Le nombre d'employés est inavouable, alors il répond :

— J'ai onze employés.

Le lendemain matin au petit-déjeuner, le Russe a complètement oublié la conversation de la veille et il voit le Japonais qui a l'air soucieux et fatigué. Il demande alors :

— On dirait que vous avez mal dormi ?

— Oui effectivement, j'ai repensé à notre conversation d'hier soir, et je me suis demandé toute la nuit ce que pouvait bien faire votre onzième employé.

## XIII

### LA VIOLENCE

Un jour un moujik, (un paysan), a une vision, il voit Dieu. Dieu ayant pitié de la pauvreté de l'homme lui dit :

— Dis-moi ce que tu veux et j'en donnerai le double à ton voisin.

Alors le paysan répondit :

— Alors seigneur arrache moi un œil tout de suite.

Cette anecdote horrible m'a été contée par un ami. Elle révèle lorsque l'on connaît un peu mieux la société russe une tendance certaine au maximalisme. Il est très difficile pour moi de parler ici de l'âme russe ou plutôt de l'âme slave au sens le plus général, car la Russie est grande et tous les Russes n'ont pas les mêmes habitudes et les mêmes conditions de vie. Je n'ai pas fait de grandes études sociologiques, et je laisse volontiers les grands spécialistes débattre de la question. J'ai simplement vécu auprès des Russes, assisté à des scènes du quotidien et j'ai quelques références culturelles ou littéraires pour conforter mon opinion. J'ai lu notamment avec beaucoup d'intérêt et de plaisir, Andreï Makine. Un de ses livres *le testament français* m'a particulièrement marqué, il y décrit une scène dans laquelle des hommes troncs, mutilés de guerre se déplacent sur des caisses en planches montées sur des roulettes. Dans un village, ils se battent au couteau en pleine rue pour un billet glissé dans une des « caisses » par une main compatissante. Les miliciens arrivent pour mettre fin à la bagarre, et pour cela, ils s'emparent des corps mutilés et les jettent comme de vulgaires ordures dans la benne d'un camion. Cette scène, et ce n'est pas la seule, est issue d'un roman, mais elle est d'une violence inouïe. C'est pour moi, avec le recul, un paradigme de la violence sous-jacente de cette Russie et de cette « âme » slave si souvent martyrisée. Cette violence est omniprésente dans les comportements. On se bouscule sans ménagement dans la rue, les lieux publics, on vous renvoie une lourde porte à la face à l'entrée d'un magasin, sur la route, la vie d'un piéton ne semble n'avoir aucune d'importance. Tout le monde a à l'esprit la violence instaurée par les révolutionnaires et leurs représentants "commissaires du peuple". Comment cela a-t-il pu durer aussi longtemps sans une certaine propension naturelle ?

La violence est également présente dans l'art, des peintres laissent transparaître cette violence dans leurs œuvres. N'oublions pas les yeux d'un Raspoutine, la mort en duel d'Alexandre Pouchkine, le constructeur de la basilique Saint Basile, Postnik Barma Yakovle eut les yeux crevés par Yvan le terrible. Pierre le Grand n'hésitera pas à laisser mourir des centaines d'ouvriers sur les chantiers lors de la construction de Saint Petersburg. Je ne parle pas de la violence politique que tout un chacun connaît, c'est un fait historique.

La violence industrielle, où dans bien des cas, les ouvriers ne sont pas conscients des dangers graves parfois mortels qu'ils côtoient en obéissant aux ordres.

Pour l'exemple, la catastrophe de Tchernobyl, où des dizaines de personnes ont été sacrifiées pour remettre le combustible mortellement radioactif avec une simple pelle dans le trou béant laissé par l'explosion du réacteur. Aucun pays au monde (à ma connaissance) n'aurait osé envoyer à une mort certaine des êtres humains. Les Russes l'ont fait.

La violence de la corruption se traduit par des règlements de comptes violents, fréquents, et donnés en pâture chaque matin au plus grand nombre par la télévision qui relate ce genre d'actualité dans une émission dédiée.

Et enfin la violence des sentiments. Lorsque l'on est aimé et lorsque l'on est haï, c'est à outrance, il n'y a pas de demi-mesure.

Vous êtes haï ou méprisé, vous ne comptez pas, seule la violence peut vous concerner. Vous êtes aimé ou apprécié, vous avez droit à tous les égards sans compter, on peut même repousser les limites de l'interdit pour vous faire plaisir.

À travers tous ces comportements on a le sentiment que le juste milieu n'existe pas, c'est du tout ou rien.

Cependant, que de belles choses sont nées de cette âme slave, les grands compositeurs, Tchaïkovski, Korsakov, Rachmaninov et bien d'autres. La littérature, la peinture, la danse, fait la richesse d'une nation, d'un peuple. L'âme russe est grande, riche, généreuse, sensible, gaie, est-ce 70 ans de communisme qui en ont altéré les qualités ?

Je me suis toujours demandé, lorsqu'une situation paraît tortueuse et incompréhensible si cela tenait de l'âme slave ou de l'avatar communiste ?

La soumission, et les événements politiques bien

avant les Tsars semble tout de même être un élément important dans l'histoire de ce peuple. Il est vrai qu'ils ont eu bien des fois l'occasion d'affronter les asservissements, répressions, purges en masse, famines et l'omniprésence du climat qui, été comme hiver, ne fait pas de cadeaux.

Ainsi les Russes sont fatalistes et très résistants aux aléas de la vie.

Le génie du peuple russe tient à sa faculté de survie en situation extrême. Un vieil adage populaire dit « *un Russe résistera à tout tant qu'il trouvera des racines à manger* ».

## XIV

## LA CROYANCE ET L'UTOPIE

**La croyance**

Nous croyons tous en quelque chose de fondé ou d'infondé, c'est dans la nature de l'homme depuis la nuit des temps. L'histoire le montre, les Russes sont de grands croyants. Ils croient en tout. Ils croient au pouvoir, celui des hommes politiques et des imposteurs, ils croyaient en Dieu, on leur a dit que le dogme communiste remplacerait la croyance divine, que Dieu ne leur apporterait pas le bien-être que peut donner la puissance du prolétariat avec des institutions débarrassées de la bourgeoisie. Alors ils ont cru en masse, volontairement ou contraints.

Ils ont cru à l'Utopie de la puissance du peuple pour vivre le socialisme le plus pur. Ils ont cru à la solidarité, au partage des richesses, ils ont cru à la liberté. On leur promettait le bonheur de vivre ensemble dans une égalité partagée. Se sont-ils rendu compte que ce bonheur tant promis était en fait un dictat ? On se devait d'être heureux sous peine de trahir l'idéal du peuple. À force de faire semblant, on devient menteur, hypocrite, on a peur du voisin et c'est réciproque. On craint de deviner chez vous une remise en cause de l'idéal. Ceci est diabolique, une telle aliénation de la personnalité par la crainte est remarquable de la part du pouvoir politique. L'entreprise Stalinienne s'est appliquée à installer une bureaucratie qui, par la force, la coercition, la peur, protégeait ses propres privilèges et intérêts. Le rêve et l'utopie économique, issus de la révolution d'Octobre, ont été dénaturés au plus profond de leurs racines par non seulement une grande incompétence à mettre en place les réformes efficaces, mais aussi par l'avènement de la dictature. Peut-être est-ce la voie d'évolution naturelle devant l'impossibilité d'atteindre les objectifs fixés, sans perdre la face ?

Que reste-t-il de l'expérience la plus généreuse jamais imaginée par l'homme ? Pas grand-chose. Certainement l'empreinte d'un égoïsme qui a utilisé et trompé la masse laborieuse des travailleurs, non seulement en Union soviétique, mais dans des pays d'Amérique latine, qui en gardent encore les stigmates sociétaux. Les livres d'histoire garderont le souvenir d'une dictature la plus implacable et la plus méprisante qu'a pu concevoir le délire humain. L'Union soviétique a légué à l'humanité son échec, et la peur pour les générations futures, qu'une autre quête d'égalité universelle, ne devienne dans la vie réelle un cauchemar pour une majorité. Après une expérience aussi traumatisante comment s'ouvrir vers le monde, comment ne pas songer aux canaux censeurs de l'état, de la province de la ville, du voisin ? Le salut est dans l'exil, quand il est envisageable et réalisable.

Michel Montaigne écrivait :

»*Quand ma volonté me donne à un parti, ce n'est pas d'une si violente obligation que mon entendement s'en infecte*».

**L'utopie**

Si l'on se fie à la définition des dictionnaires, c'est un idéal social ou politique qui ne tient pas compte de la réalité.

La transition d'un état royaliste à une redistribution du pouvoir au peuple par le peuple, pour tous les pays qui l'ont réalisé, s'est traduite par des purges horribles, et souvent arbitraires. Celles-ci opérées par ceux-là mêmes qui se déclaraient des humanistes, des bienfaiteurs du peuple opprimé. Comment passer du rêve à la réalité sans tomber dans le piège de l'utopie ?

Si les convictions des Bolcheviques n'avaient pas été une totale utopie, ce modèle de société aurait été reproduit. Hélas, tous ceux qui l'ont essayé ont échoué. Le bonheur d'un peuple est-il possible ? Mais qu'est-ce que le bonheur ? Un état de félicité heureux ? Une démarche individuelle apaisante ? Peut-on être heureux dans un environnement violent et liberticide ? L'âme slave est-elle si forte qu'elle puisse trouver quelque bonheur dans tous les tourbillons de son histoire ?

# XV
## LA CULTURE

Dans l'idée géniale, mais utopique de l'égalité et du bonheur pour tous, une des composantes est l'éducation pour tous, cela va de soi. Ainsi dans l'idéal, la culture devait être suffisamment étendue dans le domaine des arts et de la littérature. J'ai remarqué que souvent, il ne s'agit que d'un affichage. Un jour, un homme qui parlait très mal le français m'a récité le poème « *les feuilles mortes* » sans une hésitation ni un accroc. Moi, je ne connaissais que le début de la première strophe. L'apparente culture de cet homme n'est en fait qu'un texte appris par cœur. Il n'avait aucune connaissance du sens des mots qu'il prononçait. Cette démonstration me confortait dans l'image que j'avais du système éducatif ou les résultats sont mesurés à la capacité de l'élève d'apprendre par cœur.

Chacun sait combien Aragon, Sartre, et bien d'autres ont vanté les mérites du modèle de société socialiste Soviètique. Il fut une époque, au temps de Catherine la Grande où la culture française était à l'honneur, on parlait français à la cour et Voltaire était un ami intime de Catherine. Les lettres et la littérature française faisaient référence, bien des mots russes sont encore aujourd'hui des mots français. Les Russes connaissent tous nos auteurs classiques, alors que la majorité d'entre nous ne connaissent que peu d'auteurs russes. Napoléon Bonaparte aussi fait partie des personnages français connus des Russes et l'on en parle toujours avec respect. Pourquoi ? Parce qu'il a été vaincu ? Pas seulement et peut-être est-ce quantité négligeable dans la mémoire populaire. Il est respecté pour son audace, et son courage d'être venu jusqu'à Moscou à pied avec ses grognards. Les Russes respectent les actions héroïques, autant que les victoires ou les défaites. Si en général, les Russes ont une bonne opinion des Français, c'est en partie lié à la révolution de 1789. Il y a une sorte d'admiration, un modèle de révolte contre la royauté et la bourgeoisie. Certains n'hésitent pas à considérer que nous leur avons donné l'exemple.

Malgré les bouleversements d'octobre 1917, la France est restée une référence en matière de bienséance et de culture au travers de sa littérature. Ainsi j'ai été étonné de voir combien étaient connus les grands auteurs classiques français. Victor Hugo, Zola, Maupassant, Prévert,

Stendhal, etc. J'ai même pu parfois mesurer mon inculture par rapport à certains auteurs français.

Ainsi l'éducation socialiste partait d'un bon sentiment, faire connaître et apprécier un autre modèle de culture et de littérature. Très bien, mais hélas, cela ne sert pas à grand-chose quand on est prisonnier dans son pays et que la censure sclérose la pensée. N'oublions pas que Boris Pasternak fut censuré. Le Docteur Givago a été interdit jusqu'au début des années 1990.

Ce chapitre sur la culture m'inspire une citation d'Oscar Wilde :

*Il est absurde d'avoir une règle rigoureuse sur ce qu'on doit lire ou pas. Plus de la moitié de la culture intellectuelle moderne dépend de ce qu'on ne devrait pas lire.*

# XVI

## ÉPILOGUE

Plus de vingt ans ont passé, deux hommes jouent en alternance avec le fauteuil du pouvoir. La Russie a-t-elle changé ? À telle évoluée ? Oui à ces deux questions. Quels changements ? Quelles évolutions ?

Je me pose toujours des questions sur ce pays, il est pour moi plus complexe que mystérieux. J'y suis retourné au début des années 2000. Dans les villes que je connaissais, les arbres ont grandi, les immeubles ont poussés çà et là, le modernisme est arrivé dans les campagnes avec internet, les téléphones portables, les chaînes de télévision par satellite. Mais paradoxalement alors que le pays c'est doté des moyens modernes pour communiquer, le pouvoir a réinstauré la censure, muselé la presse et réouvert les camps de « *travail* ». Les Russes conscients du danger tentent de s'opposer, j'ai peur que ce soit en vain. Les vieux démons du passé s'infiltrent à nouveau dans les failles d'une société fissurée par une dictature qui ne veut pas être reconnue comme telle à la face du monde. Et pourtant… Les exactions politiques travesties en faits divers ne trompent personne. Attentats, exécutions, empoisonnements, enfermements abusifs, coercitions envers les opposants et réélections sans opposition, sont plus ou moins bien occultés par le pouvoir, heureusement le monde interconnecté du XXI$^e$ siècle n'attend pas le passage du temps pour révéler les faits.

Je suis toujours en contact avec des amis russes avec qui je ne partage pas la même opinion vis-à-vis de leur gouvernance actuelle. Il est vrai que pour leurs propres intérêts il vaut mieux être dans le sens du vent politique. Finalement rien n'a changé. Malgré tout, mes amis restent le lien affectif avec cette Russie qui m'a fasciné pendant quelques années.

L'ironie de l'histoire, programmation génétique de l'évolution du monde, ou cruauté naturelle de l'homme, une partie de l'humanité cherche toujours à dominer voire à exterminer l'autre.

La Russie tombera-t-elle à nouveau dans ce piège ?

Le jour où j'ai repris ce texte ; plus de trente ans sont passés sur ces lignes. Je suis triste de constater que l'histoire sert à nouveau les mêmes plats réchauffés. La nostalgie et les aigreurs de la chute de l'empire, la censure, et la propagande nauséabonde, s'abattent à nouveau sur le peuple slave. L'âme Russe s'assombrit à nouveau en entrant dans l'impasse d'un conflit idéologique qui ne grandira pas cette une nation soumise à nouveau à la folie meurtrière de ses dirigeants.

# SOMMAIRE

**PRÉAMBULE** ............................................................. **7**

**I** ............................................................................ **10**

**Premier contact** .................................................. **10**

**II** ........................................................................... **35**

**Les saisons** ........................................................... **35**

    L'hiver ............................................................................ 35

    L'été ................................................................................ 50

**III** .......................................................................... **52**

**Une ville de province** ....................................... **52**

    Le Side, Car .................................................................. 57

    Les magasins d'état ...................................................... 59

    Le Kiosque .................................................................... 62

    Les bas-fonds ............................................................... 65

    La cantine ...................................................................... 68

    L'hôpital ......................................................................... 70

| | |
|---|---|
| **IV** | **76** |
| **Les us et coutumes** | **76** |
| **V** | **79** |
| **Gendarmes et FSB** | **79** |
| Les gendarmes | 79 |
| Le FSB | 83 |
| **VI** | **88** |
| **Sotchi** | **88** |
| **VII** | **94** |
| **L'alcool** | **94** |
| **VIII** | **97** |
| **La religion** | **97** |
| **IX** | **100** |
| **Le métro** | **100** |
| **X** | **103** |

**Le monde industriel** ............................................. **103**

**XI** ............................................................................ **108**

**La condition féminine** ........................................ **108**

**XII** ........................................................................... **113**

**Autodérision** ........................................................ **113**

**XIII** .......................................................................... **116**

**La violence** ........................................................... **116**

**XIV** .......................................................................... **121**

**La croyance et l'utopie** ...................................... **121**

    La croyance ...................................................... 121

    L'utopie ............................................................. 123

**XV** ........................................................................... **125**

**La culture** ............................................................. **125**

**XVI** .......................................................................... **128**

**Épilogue** ............................................................... **128**

**Sommaire** ................................................................ 131